まえがき

「こんなにドラマチックで、内容が濃くて厚味のある教材は見たことがない。」
— スキットの録音に参加してくれた方から出てきた感想です。

　この本は2003年2月に出版された『多楽園日本語会話フリートーキング –Exciting style–』をもとに、大幅な改訂を加えたものです。5人の著者は、年齢も30代から70代まで、生まれも育ちも違い、経験も専門分野もさまざまで、それぞれが強烈な個性を持っています。各自の関心や得意な分野ごとに草稿を分担執筆した後、集まっては尽きない議論を繰り返しました。自由な発想で斬新な本を作り上げたいという気持ちはもちろん当初からありましたが、何十回にもわたる会議を経て、著者自身も驚くような形になりました。

　この本では、『New多楽園日本語Step5』に比べて、社会的で重みのあるテーマを扱っています。各課の扉には、問題について考えるための糸口となるようなエッセイを載せました。ページをめくると、会話文があります。それ自体が面白い一つのドラマとなっているうえに、俗語あり、方言あり、罵詈雑言あり、と多種多様な日本語の表現が出てきます。この会話を踏み台として、その次の質問項目に対し、自由に自分の意見を述べてください。これまでの教科書という固定観念の枠におさまらない、新しいタイプの教材であることは間違いないはずです。ただし、授業の前に先生も学生もいろいろ勉強しておかないと大変かもしれません。

　『New多楽園日本語Step5』同様、細かい発音や文法的なことにこだわったり、失敗をおそれたりせず、伸び伸びと会話を楽しんでくださることを、願っています。

著者一同

머리말

"이렇게 드라마틱하고 내용이 중후한 교재는 본 적이 없다." 회화문 녹음에 참가해 주신 분이 들려 주신 소감입니다.

이 책은 2003년 2월에 출간된 『다락원 일본어회화 프리토킹 -Exciting style-』을 바탕으로 대폭 개정한 것입니다. 5명의 저자는 30대부터 70대까지, 출신도 자라온 환경도 다르고, 경험도 전문분야도 다양하고, 각자가 강한 개성을 지니고 있습니다. 관심이나 자신 있는 분야를 각각 맡아서 집필한 후에 모여서 끝없는 토론을 거듭하였습니다. 자유로운 발상으로 참신한 책을 만들어내고 싶다는 마음은 물론 당초부터 있었지만, 수십 번에 걸친 회의를 거쳐서 저자들 자신도 놀랄 내용이 되었습니다.

이 책에서는 『New 다락원 일본어 Step5』에 비해서 사회적이고 무거운 주제를 다루고 있습니다. 각 과의 첫 페이지에는 문제에 대해서 생각하기 위한 실마리가 될 만한 수필을 실었습니다. 페이지를 넘기면 회화문이 있습니다. 그 자체가 재미있는 하나의 드라마가 되어 있는 데다가 속어·방언·욕 등 다양한 일본어의 표현이 나옵니다. 이 회화를 토대로 그 다음 질문 항목에 대하여 자유로이 자신의 의견을 말해 주십시오. 기존의 교과서라는 고정관념의 틀에서 벗어나는 새로운 타입의 교재임은 틀림없을 것입니다. 다만, 수업 전에 선생님도 학생도 여러 가지로 공부해 두지 않으면 힘들지도 모릅니다.

『New 다락원 일본어 Step5』와 마찬가지로, 사소한 발음이나 문법에 구애받거나 실수를 두려워하지 말고 마음껏 대화를 즐기시기 바랍니다.

저자 일동

この本をお使いになるみなさんへ

1. この本は、「New多楽園日本語シリーズ」の第6段階教材であり、自由な会話を通して、自然で流暢な会話力を培うための上級会話教材です。

2. この本では、私たちが真剣に考えてみるべき日常的・社会的問題について、いろいろな観点から見つめ、それぞれの意見を出して話し合えるように、ということを目標としています。

3. この本は、全22課(本編20課＋番外編2課)から成っています。

4. 各課は、＜エッセイ＞＜会話１＞＜自由会話１＞＜会話２＞＜自由会話２＞＜関連語句＞の順序になっています。

5. まず、扉の＜エッセイ＞を読みます。この読解に時間を奪われないよう、韓国語の全文訳が付いていますので、参考にしてください。あくまでも、自由会話が主体です。

6. ＜会話１＞の音声(mp3)を聞きます。これは、自由会話への参加を導く一種の刺激です。ここに出てくる単語や表現を覚えて使えるようになる必要はありませんし、文法的にどうなっているのかなど、細かいことにこだわることはありません。

7. 次に、＜自由会話１＞の各質問に答えてください。他の人の意見もよく聞きましょう。クラスの人数が多い場合は、いくつかのグループに分かれて話し合ってもいいでしょう。

8. そして、＜会話２＞の音声(mp3)を聞き、＜自由会話２＞の各質問に答えてください。要領は上と同じです。

9. さらに、＜自由会話１＞や＜自由会話２＞に出ていない質問もみんなで考えて、互いに話し合ってみましょう。

10. 自由会話をするのに使われるのではないかと思われる語句を＜関連語句＞のページに提示してあります。単なる例として挙げたものですから、無理に暗記する必要はありません。また、そこに出ていない語句が必要なこともあるでしょう。どんどんメモしておきましょう。

이 책을 사용하시는 분들에게

1. 이 책은 『New 다락원 일본어 시리즈』의 제6단계 교재로, 자유로운 회화를 통해 자연스럽고 유창한 회화력을 기르기 위한 고급 회화 교재입니다.

2. 이 책에서는 우리가 진지하게 생각해 보아야 할 일상적·사회적 문제에 대해서 여러 관점에서 바라보고 각자의 의견을 내 대화할 수 있도록 하는 것을 목표로 하고 있습니다.

3. 이 책은 총 22과(본편 20과 + 번외편 2과)로 구성되어 있습니다.

4. 각 과는 〈수필〉〈회화1〉〈자유회화1〉〈회화2〉〈자유회화2〉〈관련어구〉 순으로 되어 있습니다.

5. 먼저 첫 페이지의 〈수필〉을 읽습니다. 이 독해에 시간을 뺏기지 않도록 하기 위해 한국어 해석이 붙어 있기 때문에 참고하십시오. 어디까지나 자유회화가 중심입니다.

6. 〈회화1〉의 음성(mp3)을 듣습니다. 이것은 자유회화에 끌어들이기 위한 일종의 자극제입니다. 여기에 나오는 단어나 표현을 외워서 쓸 수 있게 될 필요는 없고 문법적으로 어떻게 되어 있는지 등 사소한 일에 얽매이지 않아도 됩니다.

7. 다음으로 〈자유회화1〉의 각 질문에 대답하십시오. 다른 사람들 의견도 잘 들어 봅시다. 반 인원이 많은 경우에는 몇 개 그룹으로 나누어서 이야기를 해도 좋습니다.

8. 그리고 〈회화2〉의 음성(mp3)을 듣고 〈자유회화2〉의 각 질문에 대답하십시오. 요령은 위와 같습니다.

9. 또한 〈자유회화1〉이나 〈자유회화2〉에 나와 있지 않은 질문도 함께 생각하고 서로 이야기를 해 봅시다.

10. 자유회화를 하는 데 쓰일 만한 어구를 〈관련어구〉 페이지에 제시해 놓았습니다. 그냥 예로서 든 것이므로 억지로 암기할 필요는 없습니다. 또 거기에 나와 있지 않은 어구가 필요할 때도 있을 것입니다. 많이 메모를 해 둡시다.

목 차

まえがき　　　　　　　　　　　　　　　3
この本をお使いになるみなさんへ　　　　5

01	ダイエット	9
02	就職・ニート・フリーター	17
03	お金	25
04	健康	33
05	美容整形	41
06	宗教	49
07	余暇	57
08	国際化・移住	65
09	暴力	73
10	早期教育	81
11	お酒	89
12	兵役	97
13	同性愛	105
14	大統領・地方自治	113
15	セクハラ・ストーカー	121
16	環境汚染	129
17	住宅	137
18	いじめと学級崩壊	145
19	少子高齢化	153
20	安楽死・尊厳死	161

番外編 01　クローン人間　　　　　　169
番外編 02　テロリズム　　　　　　　177

부 록　　　　　　　　　　　　　　　187

ダイエット

다이어트

　薬局に一歩足を踏み入れると、その一角を「ダイエット」と書かれたコーナーが占領していることに気が付きます。食糧事情が悪い時代には「やせているのは貧弱」「体型は豊かなほうがいい」などと言われていたのが嘘のようです。

　女性が足を見せ始める20世紀までの西洋におけるチャームポイントは、細いウエストと豊かなヒップでした。当時は肋骨を抜いたり鉄製のコルセットをペンチで締める女性まで現れたそうです。思えばその頃から女性は理想の体型を手に入れるために苦労してきたのでしょう。また楊貴妃の絵姿にあるように、むしろふっくらした体型があこがれの対象であったり、アフリカのある地域では垂れた胸が美しいとされるように、時代や文化が変われば「理想の体型」も変わると言えます。

　みなさんの中にも、理想の体のラインを求めて悪戦苦闘した経験のある人も多いのではないでしょうか。社会現象となりつつあるダイエット、あなたはどう考えますか。

번역

　약국에 한 발짝 발을 들여놓으면 그 일부를 '다이어트'라고 쓰여진 코너가 차지하고 있는 것을 보게 됩니다. 식량 사정이 좋지 않은 시대에는 '마른 사람은 빈약해 보인다'든지 '통통한 체형이 더 좋다'는 식으로 말했던 것이 거짓말 같습니다.

　여성이 다리를 노출하기 시작한 것은 20세기 이전에 서양 여성의 매력은 가는 허리와 풍부한 엉덩이였습니다. 당시는 늑골을 빼거나 철로 만든 코르셋을 펜치로 죄는 여성까지 나타났다고 합니다. 생각해 보면 그 무렵부터 여성은 이상적인 체형을 얻기 위해 노력해 왔을 것입니다. 또 양귀비 그림처럼 오히려 포동포동한 체형이 동경의 대상이었고 아프리카 어느 지역에서는 처진 가슴이 아름답다고 여기듯이 시대나 문화가 바뀌면 '이상적 체형'도 바뀐다고 할 수 있습니다.

　여러분 중에서도 이상적인 몸매를 만들기 위해서 힘겨운 노력을 한 경험이 있는 사람도 많을 것입니다. 사회 현상이 되어 가고 있는 다이어트, 당신은 어떻게 생각합니까?

会話1 　自宅の台所で／大野康江と大野明子（母と娘）

夏に向けてダイエットするの

明子　お母さん、私明日からお弁当いらないから。
　　　夏に向けてダイエットするの。

康江　はあ？　あんた、ちっとも太ってないじゃない。

明子　太ってるよ。こんなブヨブヨの腕じゃ、キャミも着れないし。

康江　バカなこと、言ってるんじゃないの。育ち盛りなんだから、
　　　三食きっちり食べて運動すればいいのよ。

明子　そんなんじゃダメなの！
　　　「ビール酵母ダイエット」で10キロ落とすんだから！

康江　中学生がビール？

明子　え！　お母さん知らないの？
　　　ヨーグルトにさ、粉末のビール酵母を入れて食べると
　　　満腹感があって、やせられるんだって。

康江　無理なダイエットなんかすると、過食症と拒食症を繰り返す
　　　ようになったり、リバウンドに苦しんだりして、あとが地獄
　　　なんだからね。

明子　私は意志が強いからリバウンドなんか関係ないもん。

康江　あっそ。じゃ、買ってきたケーキ、お母さんがもらっとくわ。

明子　え……？　だ、だから、明日から始めるんだってば！

単語・表現

ちっとも　조금도	きっちり　꼭	繰り返す　반복하다
ブヨブヨ　포동포동	酵母　효모	地獄　지옥
キャミ(＝キャミソール)　캐미솔	粉末　분말	意志　의지
着れる(＝着られる)　입을 수 있다	満腹感　포만감	リバウンド　반동, 반작용
育ち盛り　성장기	過食症　과식증	〜ってば　〜라니까
三食　세 끼 식사	拒食症　거식증	

自由会話1

1. ダイエットの経験がありますか。ある人は自分の経験について話してみましょう。

2. ダイエットを始める動機ややめる動機としては、どのようなものが考えられるでしょうか。

3. ダイエットにはどんな方法がありますか。ダイエット食品やエステも含め、知っていることについて話してみましょう。

4. あなたの大切な人(家族・恋人・親友など)が無理なダイエットをしていたら、どのようにアドバイスしますか。

5. 「育ち盛りなんだから、三食きっちり食べて運動すればいいのよ」というお母さんの言葉について、どう思いますか。

会話2

会社の屋上で／金田刈雄と福島忠則（会社の先輩と後輩）

彼女、ガリガリにやせちゃってさ……

福島　金田さん、どうしたんですか。うわの空で。

金田　ああ、ごめんごめん。
　　　いや実は昨日、元彼女にばったり会ってさ。

福島　あ、金田さんの元カノって、わりとぽっちゃりした感じの子でしたよね。

金田　それが、2年ぶりに会って驚いたよ。

福島　もしかして別人のようにきれいになってて、後悔したってパターンですか。

金田　バカ、それならまだいいよ。
　　　彼女、ガリガリにやせちゃってさ……。もうミイラ状態でまともに見れなかったな。今36キロだって。

福島　ええーっ！ それって金田さんにふられたもんだから、
　　　見返してやりたいとか思って極端なダイエットしたん
　　　じゃないんですか。

金田　どうも、そうらしいよ。おれのせいかな、こりゃ。

福島　彼女、心の弱い人だったんですね。

金田　あー……。死んじゃったりしたら、おれマジでどうしよう。

単語・表現

うわの空　건성	後悔する　후회하다	見れる(＝見られる)　볼 수 있다
ばったり　딱(뜻밖에 마주침)	パターン　패턴, 유형	見返す　멸시받은 앙갚음으로 성공해 보이다
元カノ　전 애인	バカ　바보	極端だ　극단적이다
わりと　비교적	ガリガリ　깡마른 모양, 깨깨	こりゃ(＝これは)　이것은
ぽっちゃりした　통통한	ミイラ　미이라	マジで　정말, 진짜
別人　딴 사람	まともに　똑바로	

自由会話2

1. 金田刈雄の元彼女がダイエットをしたのは失恋のせいでしょうか。自由に考えてみましょう。

2. 地域や時代によって、もてはやされる体型は変わってきます。いろいろな有名人を比較して、話し合ってみましょう。

3. 疑わしいダイエット食品やダイエットに関する俗信・迷信について知っていることを話しましょう。

4. みんなでダイエットメニューを考えてみましょう。

5. ダイエットを助長する社会的現象には、どのようなものがあげられますか。

関連語句

- スタイル 스타일
- プロポーション 프로포션, 몸매의 균형
- 体質改善（たいしつかいぜん） 체질 개선
- エクササイズ 엑서사이즈, 운동
- 太もも（ふともも） 허벅지
- わき腹（わきばら） 옆구리
- ぜい肉（ぜいにく） 군살
- 減量（げんりょう） 감량
- ウォーキング 워킹
- ストレッチ 스트레치
- 自転車（じてんしゃ） 자전거
- ジョギング 조깅
- 食餌療法（しょくじりょうほう） 식이요법
- 食事制限（しょくじせいげん） 식사 제한
- 目標体重（もくひょうたいじゅう） 목표 체중
- シェイプアップ 셰이프 업
- ファーミング 부분 다이어트
- 肥満度（ひまんど） 비만도
- 体脂肪率（たいしぼうりつ） 체지방률
- 隠れ肥満（かくれひまん） 겉보기는 살이 찌지 않았지만 체지방률이 높은 비만
- 食物繊維（しょくもつせんい）／ファイバー 식물섬유/파이버
- 脂肪吸引（しぼうきゅういん） 지방 흡입

- スポーツジム 스포츠 짐, 체육관
- ダンベル／アレイ 덤벨, 아령
- サウナスーツ 사우나 복
- 低インシュリンダイエット（てい―） 저인슐린 다이어트
- 置き換えダイエット（おきかえ―） 세 끼 중 한 끼를 특정 식품으로 바꾸는 다이어트
- 産後ダイエット（さんご―） 산후 다이어트
- サプリメントダイエット 다이어트를 촉진한다고 알려진 성분을 이용한 다이어트
- エステ 에스테틱
- 耳ツボ（みみ―） 귀에 금속을 붙이는 다이어트 방법
- 油抜き（あぶらぬき） 기름기를 뺌
- スーパーモデル 슈퍼 모델
- 激やせ（げき―） 심하게 살이 빠지는 것
- 単品ダイエット（たんぴん―） 삶은 달걀과 같은 하나의 식품만으로 하는 다이어트
- スリムだ 날씬하다
- でぶ 뚱보
- 低カロリー（てい―） 저칼로리
- 高カロリー（こう―） 고칼로리
- 消費カロリー（しょうひ―） 소비 칼로리
- 摂取カロリー（せっしゅ―） 섭취 칼로리
- 使用カロリー（しよう―） 사용 칼로리
- ヨーヨー現象（―げんしょう） 요요 현상

就職・ニート・フリーター

취업・니트・프리터

　どんな仕事を持って生活するかは、人が生きていくうえで重要なことの一つです。しかしながら、自分の仕事を自ら決めるのも意外に大変なことで、就職に関してはいろいろ悩みが絶えないものです。

　就職や転職は、その時の社会情勢や景気の良し悪しにも影響されますし、また、学歴や仕事の経験、技術取得などの要因により、しばしば自分のしたいことと現実とのギャップが生じてくることもあります。

　そのような中で最近は、ニート(Not in Education, Employment or Training)やフリーター(フリーランス・アルバイター)といった言葉が聞かれるようになりました。この背景には、就職や仕事に対する認識、生活形態の変化や価値観の多様化があると考えられます。

　この課では、就職の問題やニート、フリーターなどについて話し合ってみましょう。

> **번역**
>
> 　어떤 일을 가지고 생활하는 가는 사람이 살아가는 동안에 중요한 것의 하나입니다. 그러면서도 자신의 일을 스스로 결정하는 것도 의외로 힘든 일이고, 취직에 관해서는 여러 가지 고민이 끊이지 않습니다.
>
> 　취업이나 전직은, 그 당시의 사회 정세나 경기의 좋고 나쁨에도 영향을 받고, 또한 학력이나 일의 경험, 기술 습득 등의 요인에 의해, 종종 자신이 하고 싶은 일과 현실과의 간격이 생기는 경우도 있습니다.
>
> 　그런 와중에 최근에는 니트(Not in Education, Employment or Training)나 프리터(프리랜스 아르바이터)라는 말이 드리게 되었습니다. 이 배경에는 취업이나 일에 대한 인식, 생활 형태의 변화나 가치관의 다양화가 있다고 생각됩니다.
>
> 　이 과에서는 취업의 문제나 니트, 프리터 등에 대해서 서로 이야기해 봅시다.

会話1

喫茶店で／福島忠則(ふくしまただのり)と裵恩敬(ベ ウンギョン)(友人以上恋人未満)

恩敬さん、就職の話はどうなったの？

福島 恩敬(ウンギョン)さん、就職(しゅうしょく)の話はどうなったの？

裵 うん。今、探してるけど……。
韓国の会社では、やっぱり私のような女性は採用(さいよう)されにくいみたい。

福島 でも恩敬さんはヨーロッパにも何年も留学して外国語はいろいろできるし、それに有能(ゆうのう)だし。簡単に就職先(しゅうしょくさき)、見つかるんじゃない？

裵 ううん。韓国はまだ遅れてて、女性が仕事できると、かえってやりにくいって感じる男の人が案外多いのよ。

福島 信じられないなあ。恩敬さんみたいな優秀(ゆうしゅう)な人が。

裵 それに今、特に不景気(ふけいき)で就職難(しゅうしょくなん)でしょ。
女性は真(ま)っ先(さき)にリストラの対象に挙(あ)げられるからね。

福島 OLはお茶(ちゃ)くみだけしてればいいってことか。

裵 それも古い考えだけど。

福島 まあ、最近は新入社員(しんにゅうしゃいん)を募集(ぼしゅう)してないところも多いし、僕も不況(ふきょう)のあおりで、いつ会社クビになるか分からないし……。

裴　　留学先で知り合った友だちも、国に帰ってなかなか就職できないみたいなのよ。

福島　でも、日本なら、仕事ができる人材を必要としている会社があるはずだから、焦らないで探したら、きっと希望の仕事が見つかると思うよ。

単語・表現

就職　취업
～先　자리, 장소, 곳
採用される　채용되다
ヨーロッパ　유럽
有能だ　유능하다
見つかる　발견되다
優秀だ　우수하다

不景気　불경기
就職難　취업난
真っ先に　맨 먼저
リストラ　구조 조정
挙げる　올리다, 들다
お茶くみ　차를 끓임
新入社員　신입 사원

募集する　모집하다
不況のあおり　불황의 여파
クビになる　해고되다
人材　인재, 인력
～はず　당연히 ~할 것
焦る　안달하다
希望　희망

自由会話１

1 あなたはどんな仕事を希望しますか。または、希望していましたか。

2 あなたは仕事を職種で選びますか、企業で選びますか。それとも、ほかの条件がありますか。

→ 収入　ボーナス　終身雇用　年功序列　成果賃金　趣味　企業の規模や知名度　会社の所在地　建物の外観

3 女性の就職についてどんなことが重要視されますか。また、どんな支障がありますか。

4 たくさんの人が一度に解雇されるリストラをどう思いますか。する側とされる側のそれぞれの立場から考えてみましょう。

5 会社が必要とする人物像とは、どんなものだと思いますか。いろいろなケースを考えてみましょう。

安定することだけがすべてやないで

荒木　来月から中国に行くことにしたで。

仁藤　ええっ。うらやましいなあ。何泊ぐらい？

荒木　半年や。シルクロード歩いてみたいんや。
　　　次、再会したときには、何かごっつい土産でも持ってくるわ。

仁藤　そんなに長いこと行くのか？　でも、仕事、大丈夫なのか。

荒木　フリーターやから、集中して働いて、辞められそうなときに辞めたらええねん。

仁藤　普通の会社勤めにはなかなかできない生活だな。
　　　まあ、俺の言えた義理じゃないけど。
　　　人生、それだけじゃないもんな。

荒木　そや。安定することだけがすべてやないで。
　　　そういうお前かて、ニートやないか。

仁藤　うん。べつに俺、したいこともないしな。
　　　社会に期待することも特にないし、それに俺、勉強嫌い
　　　だしね。

荒木　か～。完全に「負け組」人生まっしぐらやな。
　　　でも、お前みたいな極楽トンボがぎょうさん出てくると、
　　　もうこの世もしまいやろ。

仁藤　お前だって社会に貢献して生きようなんて考えてないん
　　　だから、似たようなもんだろ。
　　　人のこと言えるもんか。

単語・表現

シルクロード 실크로드	会社勤め 회사 근무	まっしぐら 격렬한 기세로 목표를 향해 돌진함
再会する 재회하다	～た義理じゃない ～을 처지가 아니다	極楽トンボ 아무일도 않고 빈둥거리는 사람
土産 선물	安定する 안정하다	この世 이 세상
辞める 그만두다	ニート 니트	貢献する 공헌하다
フリーター 프리터	負け組 패배자	
集中する 집중하다		

＊大阪弁の解説は、24ページにあります。

自由会話2

1. ニートやフリーターという言葉を聞いたことがありますか。それについて知っていることを話してみましょう。

2. 大学を卒業しても就職できないということについて、どう思いますか。

3. ニートと呼ばれる人たちは、普段どんな生活をしているでしょうか。

4. 「勝ち組」「負け組」とは、どういう人たちのことを指すでしょうか。いろいろ話し合ってみましょう。

5. 社会に貢献する生き方について考えてみましょう。

関連語句

- 就職活動（しゅうしょくかつどう） 취업 활동
- リクルート 리쿠르트
- ハローワーク 헬로 워크; 공공 직업 안정소의 애칭
- 新卒採用（しんそつさいよう） (그 해의) 새 졸업자 채용
- 中途採用（ちゅうとさいよう） 중간 채용
- 内定（ないてい） 내정
- コネ 연고, 연줄
- 就職率（しゅうしょくりつ） 취업률
- 求人情報（きゅうじんじょうほう） 구인 정보
- 転職（てんしょく） 전직
- 第2新卒（だいにしんそつ） 일단 취업을 했다가 짧은 기간(5년 정도)에 그만두는 것
- 正社員（せいしゃいん） 정규사원
- 正規雇用・非正規雇用（せいきこよう・ひせいきこよう） 정규 고용・비정규 고용
- フリーランサー 프리랜서
- パートタイマー 파트타이머, 시간제 근무자
- ワーキングプア 일하는 빈곤층
- インターンシップ 인턴쉽

- トライアル雇用（こよう） 트라이얼 고용
- ベンチャー企業（きぎょう） 벤처 기업
- 就職難（しゅうしょくなん） 취업난
- 定年退職（ていねんたいしょく） 정년 퇴직
- 円満退職（えんまんたいしょく） 원만 퇴직
- 解雇／クビ／リストラ 해고/모가지/구조 조정
- 終身雇用制（しゅうしんこようせい） 종신고용제
- 年功序列（ねんこうじょれつ） 연공서열
- 脱サラ（だつサラ） 탈 샐러리맨
- プータロー／無職（むしょく） 백수/무직
- プレカリアート 비정규고용자, 실업자의 총칭
- 就職浪人（しゅうしょくろうにん） 취업재수생
- ひきこもり 사회에서 도피해서 자신의 공간에서 나오지 않는 사람
- 学歴難民（がくれきなんみん） 학력 난민
- 失業（しつぎょう） 실업

ワンポイント・アドバイス

大阪弁(標準語)

〜で(〜ぞ)	〜や(〜だ)	ごっつい(大きい)
〜やから(〜だから)	ええ(いい)	〜ねん(〜んだ)
そや(そうだ)	〜やない(〜じゃない)	〜かて(〜だって)
ぎょうさん(たくさん)	〜やろ(〜だろう)	

お金

돈

　人間が生きていく上でお金がすべてでないことは分かっているけれど、資本主義社会の中でお金がなくては生きていけないことも事実です。ほとんどの人は、貧乏な生活よりも裕福な生活をしたいと望んでいるはずです。しかし一方、金持ちに対しては、こびへつらったり、うらやんだり、ねたんだり、憎んだり、さまざまな反応を示します。

　汗水たらして地道に働いて少しずつお金をためる人もいれば、株式や不動産や宝くじなどで労せずして一獲千金をねらう人もいます。保険金などを目当てに殺人をも辞さない輩もいます。また、持っているお金を惜しみなく寄付する人もいれば、一銭たりとも無駄なお金を使うまいとけちった末に世を去る人もいます。韓国には「犬のごとく稼いで大臣のごとく使え」ということわざもありますね。

　どのようにお金と付き合っていったら良いか、それぞれの考えを話し合ってみましょう。

번역

　사람이 살아가는 데 돈이 전부가 아니라는 것은 알지만, 자본주의 사회에서 돈이 없으면 살아갈 수 없는 것도 사실입니다. 대부분 사람들은 가난한 생활보다도 부유한 생활을 바랄 것입니다. 그러나 한편 부자에 대해서는 아첨하거나 부러워하거나 시기하거나 미워하거나 여러 가지 반응을 보입니다.
　땀을 흘리며 착실하게 일을 해서 조금씩 돈을 모으는 사람도 있는가 하면 주식·부동산·복권 등으로 손쉽게 일확천금을 노리는 사람도 있습니다. 또 보험금 등을 타기 위해서 살인도 마다하지 않는 사람도 있습니다. 그리고 가지고 있는 돈을 아낌없이 기부하는 사람도 있는가 하면 필요치 않은 돈은 한 푼도 쓰지 않으려고 아끼고 아낀 후에 세상을 떠나는 사람도 있습니다. 한국에는 "개 같이 벌어서 정승 같이 써라"는 속담도 있습니다.
　어떤 식으로 돈과 사귀는 것이 좋을지 각자의 생각을 이야기해 봅시다.

会話1　　金田の部屋で／金田刈雄と福島忠則（会社の先輩と後輩）

後先考えずに借金したりするからですよ

金田　　ああ、もう駄目だ。絶望だ。

福島　　いったいどうしたんですか。

金田　　カード会社やらサラ金から金を借りすぎて、首が回らなくなったんだ。

福島　　後先考えずに借金したりするからですよ。

金田　　返せる見込みもないし、死んでお詫びするしかない。アパートから飛び降りようか、首を吊ろうか……。

福島　　まあまあ、そんなに早まらないで。

金田　　じゃあ、どうしろって言うんだ？
このまま生き恥をさらせってのか。

福島　　自殺なんて物騒なこと考えなくても、何かいい方法があるはずですよ。

金田　　ん、例えば？

福島　　例えば、いま有望な株を買い占めるとか、競馬で大穴を当てるとか、宝くじで特賞を当てるとか……。

金田　　そうか。どうしてそんなことに気がつかなかったんだろう。
　　　　ちょっと馬券代貸してくれ。

福島　　あ～あ、駄目だ、こりゃ。

単語・表現

絶望　절망	飛び降りる　뛰어내리다	買い占める　사재기를 하다
サラ金　고리대금업	首を吊る　목을 매다	競馬　경마
首が回らない　빚이 많아 옴쭉 못하다	早まる　서두르다	大穴を当てる　(경마에서) 예상을 뒤집고 맞추다
後先考えずに　앞뒤 생각하지 않고	生き恥をさらす　살아남아서 수모를 당하다	宝くじ　복권
借金する　돈을 꾸다	自殺　자살	特賞　특상
見込み　가망	物騒だ　위험하다	馬券代　마권대금
お詫びする　사죄하다	有望　유망	

自由会話1

1 金田刈雄はどんな性格の人だと思いますか。

2 どのくらいのお金があれば満足できますか。生活費や小遣いなどをもとにして考えてみましょう。

➡ 1か月につき＿＿＿＿ぐらい、財産（ざいさん）は＿＿＿＿ぐらい

3 あなたは、堅実派ですか、一獲千金派ですか。宝くじや株やギャンブルで一儲けしたいと思いますか。

4 どんなときにカードを使いますか。また、どんなときに借金をしますか。

➡ 債権（さいけん）　債務（さいむ）　返済（へんさい）　連帯保証人（れんたいほしょうにん）　カード破産（はさん）

5 お金は大切だと思いますが、どのくらい大切でしょうか。いろいろなものと比較して話してみましょう。また、お金では買えないものには、どんなものがあるでしょうか。

➡ 幸福（こうふく）　愛（あい）　友情（ゆうじょう）　生命（せいめい）　健康（けんこう）　その他

会話2 大学のキャンパスで／田代浩幸と中森一郎(友人)

ここんとこずっと、不景気だねえ

田代　ここんとこずっと、不景気だねえ。
　　　物価は上がる一方で、大企業もどんどん倒産してるし。
　　　こういうの、何て言うんだっけ。インフレ？デフレ？

中森　今みたいな状況をスタグフレーションって言うんだよ。
　　　無知だなあ。お前、ほんとに経済学科？

田代　それを言うなよ。経済学科って言ったって、ほとんど講義には
　　　出てないんだから、仕方ないだろ。

中森　お前みたいな奴のせいで国が駄目になるんだよ。

田代　わ、ひどい。今の一言、グサッときた。

中森　ちょっとぐらいきついこと言わないと、目がさめないだろ。
　　　お前のためを思って言ってんだから、ありがたいと思えよ。

田代　はあ、ども、ありがとさん。

中森　でも、マジで、このままいくと、国家経済が破綻する可能性もあるよな。むやみに国債ばっかり発行すりゃいいってもんじゃないんだから。ったく。

田代　コクサイって何だっけ？

中森　あのなあ……。

単語・表現

ここんとこ 요즘	無知 무지	むやみに 무턱대고
不景気 불경기	経済学科 경제학과	国債 국채
物価 물가	講義 강의	発行 발행
倒産する 도산하다	グサッとくる 마음에 상처를 입다	ったく(＝まったく) 정말
インフレ 인플레이션	目がさめる 정신 차리다	
デフレ 디플레이션	ありがとさん 고마워	
スタグフレーション 스태그플레이션	国家経済 국가경제	
	破綻する 파탄하다	

自由会話2

1 いま景気はよいと思いますか、よくないと思いますか。それはなぜですか。

2 物価は安定していますか、変動していますか。昔に比べて高くなったものや安くなったものを、例を挙げて話してみてください。

➡ 物価指数(卸売物価指数・消費者物価指数)　物価高

3 一番良いお金の運用方法は何だと思いますか。

➡ 貯蓄(預金・貯金・利子/利息/金利)　投資・投機(証券/株式・不動産)　高利貸し　頼母子講(=契)

4 税金にはどんな種類がありますか。また、税金はどのように使われているでしょうか。知っていることを話してみましょう。

5 韓国の経済政策はうまくいっていると思いますか。うまくいっていないとすれば、どのようにすればいいでしょうか。

➡ 税金(源泉徴収・自己申告・年末調整)　保険　年金　退職金　失業率

関連語句

- 国際収支 국제수지
- 貿易 무역
- 黒字・赤字 흑자・적자
- 為替レート／為替相場 환율
- 円高・円安 엔고・엔저
- 通貨 통화
- お札 지폐
- 硬貨 경화/동전
- 現金 현금
- 外貨 외화
- 手形 어음
- 小切手 수표
- 不渡り 부도
- クレジットカード 신용 카드
- 電子マネー 전자 머니
- 金融機関 금융기관
- 融資 융자
- 通帳 통장
- キャッシュカード 현금 카드
- 暗証番号 비밀번호
- サラリー／給料／給与／賃金 샐러리/급료/급여/임금
- ボーナス／賞与 보너스/상여
- 副収入 부수입
- 節約 절약
- 株価 주가
- 上場 상장
- 利益 이익
- 市場／マーケット 시장/마켓
- マーケティング 마케팅
- 好況・不況 호황・불황
- 恐慌 공황
- 金の亡者 돈에 집착하는 수전노

ワンポイント・アドバイス

お金に関することわざ
金は天下の回りもの 돈은 돌고 도는 것
地獄の沙汰も金次第 돈만 있으면 귀신도 부릴 수 있다(세상 만사 돈으로 좌우된다)
金の切れ目が縁の切れ目 돈 떨어지면 정분도 떨어진다
安物買いの銭失い 싸구려로 사서 돈만 버리다(싼 것이 비지떡)

健康

건강

　健康とは、WHO(世界保健機関)の定義によれば、バランスの取れた健全な肉体と精神を持つだけでなく、社会的にもうまく適応できている状態を指します。

　誰もが健康で長生きしたいと願っていることでしょう。医療技術の発達などにより、平均寿命は延びました。しかし、喜んでばかりはいられません。昔に比べて、たしかに長生きにはなったけれど、真の健康状態にある人は多くありません。日本の一部では、一億総半病人時代という言葉が叫ばれているほどです。

　さまざまな健康法が提唱され、多くの健康食品や健康器具も出回っています。時には、ブームとして大きな話題を呼んだり、それらの被害が報道されることもあります。

　どうしたら健康に過ごせるのか、長生きする方が幸せなのかなど、いろいろな問題について考えてみましょう。

번역　　건강이란, WHO(세계보건기구)의 정의에 의하면 균형 잡힌 건전한 육체와 정신을 가졌을 뿐만 아니라 사회적으로도 잘 적응할 수 있는 상태를 가리킵니다.
　누구나 건강하게 오래 살기를 원할 것입니다. 의료 기술의 발달 등으로 인해 평균 수명은 늘었습니다. 그러나 기뻐하고만 있을 수 없습니다. 옛날에 비하면 분명히 오래 살게 되었지만 진정한 건강 상태에 있는 사람은 많지 않습니다. 일본의 일부에서는 '1억 총 반병인 시대'라는 말을 하고 있을 정도입니다.
　다양한 건강법이 제창되고 많은 건강 기구도 나돌고 있습니다. 때로는 붐으로 큰 화제를 불러일으키거나 그것들의 피해가 보도되기도 합니다.
　어떻게 하면 건강하게 지낼 수 있을까, 오래 사는 것이 과연 행복한 것일까 등, 여러 문제에 대해서 생각해 봅시다.

会話1 大野家で／大野健二と大野康江(夫婦)

このごろめっきり体力の衰えを感じるよ

健二　おれも年なのかなあ。健康にだけは自信があったんだけど、
　　　このごろめっきり体力の衰えを感じるよ。

康江　そりゃ、そうよ。運動はしないし、酒はがぶがぶ飲むし、
　　　タバコはすぱすぱ吸うし、睡眠時間は不規則だし。

健二　まあ、そう言うなよ。おれだって、好きでそういう生活してる
　　　わけじゃないんだから。

康江　好きじゃないんだったら、もう少しきちんとした生活したら
　　　いいじゃない。

健二　なかなかそうはいかないのが、社会生活のつらいとこなんだよ。

康江　だったら、タバコだけでもやめたら？
　　　付き合いのために吸ってるわけじゃないでしょ。

健二　いや、食いたいもの食って、飲みたいもの飲んで、やりたい
　　　ことやるのが、一番健康にいいんだよ。無理矢理タバコやめ
　　　たらストレスがたまって、一週間でポックリいったって人も
　　　いるんだって。

康江　またそんな都合のいいこと言って。
　　　無理し続けたら、そのうち病気になるわよ。

健二　そうだな。最近、首とか肩がこって、寝ても疲れが取れないもんな。

康江　気をつけてね。

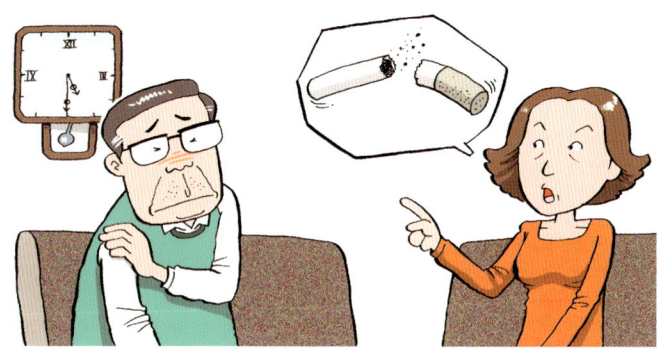

単語・表現

めっきり　현저히
体力の衰え　체력의 쇠약
がぶがぶ　벌컥벌컥
すぱすぱ　뻐끔뻐끔
睡眠時間　수면 시간
不規則　불규칙
〜だって　〜도 또한
きちんとした　똑바른

そうはいかない　그렇게는 되지 않다
つらい　괴롭다
とこ(＝ところ)　점
だったら　그렇다면
付き合い　사교, 교제
食う　먹다
無理矢理　억지로

ポックリいく　갑자기 죽다
都合のいい　편리하다
そのうち　머지않아
(首・肩が)こる　(목・어깨가) 결리다
疲れ　피로
取れる　풀리다

自由会話 1

1 あなたは健康に自信がありますか。これまでにどんな病気や怪我をしたことがありますか。

➡ 風邪/感冒　インフルエンザ　ぜんそく　神経痛　リウマチ　水虫　いんきん　たむし　心臓病　高血圧　低血圧　貧血　糖尿病　アレルギー　アトピー性皮膚炎　花粉症　じんましん　便秘　下痢　痔

2 健康のためにどんなことに気をつけていますか。いろいろな健康法について話してみましょう。

➡ 気功　足の裏健康法　ウォーキング健康法　断食健康法　おしっこ健康法　冷え取り健康法

3 健康食品や健康グッズ(健康器具)を利用していますか、あるいは、したことがありますか。効果はどうですか。

➡ 高麗(朝鮮)人参　ロイヤルゼリー　クロレラ　アロエ　プロテイン　ビタミン　カルシウム　ニンニク　按摩器　磁気ネックレス　樹液シート

4 酒やタバコ、睡眠時間、ストレスなどと健康との関係について、話し合ってみましょう。

5 健康や仕事と精力の関係、精力のつく食べ物などについて、話してみましょう。

会話2　大野家で／大野健二と大野康江（夫婦）

「病は気から」っていうでしょ

健二　こないだ健康診断に行ったら、どうも腹部にしこりができてるらしくて、精密検査をしないといけないってんで、一日中、なんだかんだ調べられたよ。

康江　で、どうだったの？　単なる脂肪でしょ。

健二　いや、結果はまだ教えてくれないんだけど、なんだか嫌な予感がするなあ。

康江　どうして？

健二　うん、医者と看護婦が深刻な顔でひそひそ話をしてたんだ。

康江　そんなの、関係ないわよ。

健二　そうかな。おれ、ひょっとすると、不治の病じゃないかな。

康江　そんな、考えすぎよ。

健二　おれ、もうすぐ死ぬかも……。おれが死んだら、あとは頼む。

康江　バカなこと言わないでよ。縁起でもない。まだ何も言われたわけじゃないのに、そんな悲惨な想像することないじゃない。

健二　でも、最悪のケースを考えておいた方が、あとでショックが少なくてすむからね。

康江　そんな問題じゃないわよ。「病は気から」っていうでしょ。そんなこと考えてると、本当に病気になるわよ。

単語・表現

こないだ(＝このあいだ) 일전, 요전	なんだかんだ 이것저것	縁起でもない 가당치도 않다
健康診断 건강 검진	単なる 단순한	悲惨だ 비참하다
腹部 복부	脂肪 지방	最悪のケース 최악의 경우
しこり 응어리	嫌な予感 안 좋은 예감	病は気から 병은 마음먹기에 달렸다
精密検査 정밀검사	深刻だ 심각하다	
～ってんで(＝～というので) ～라고 해서	ひそひそ話 비밀 이야기	
	ひょっとすると 어쩌면	
	不治の病 불치병	

自由会話2

1 定期的に健康診断を受けていますか。

→ CT(コンピュータ断層撮影)　MRI(核磁気共鳴イメージング)　人間ドック

2 病気の原因にはどんなものがあるでしょうか。

→ 気の持ちよう　生活習慣　ウイルス／病原菌／ばい菌／細菌　血液循環／血行／血のめぐり　宿便

3 「病は気から」といいますが、健康・病気と精神力の関係について考えてみましょう。

4 治療を受けている途中で病院をかえたことがありますか。また、そういう話を聞いたことがありますか。その理由は何でしたか(何だったそうですか)。

→ 治療陣　費用　施設

5 最近の医療制度や医療政策について話してみましょう。

→ 医療保険制度　医薬分業　医療機関のデモ

関連語句

- 成人病 성인병
- 老化 노화
- 不老不死 불로불사
- 疾病／疾患 질병/질환
- 免疫 면역
- 感染 감염
- 院内感染 원내 감염
- 予防 예방
- 保健 보건
- 衛生 위생
- 手当て／処置 치료/처치
- 応急手当て／応急処置 응급 치료/응급 처치
- 救急車 구급차, 앰뷸런스
- 薬／医薬品 약/의약품
- 医薬部外品 의약부외품
- 常備薬 상비약
- 副作用 부작용
- 生薬 생약
- 薬草 약초
- 煎じる (약·차 따위를) 달이다
- 民間療法 민간 요법
- 風邪は万病のもと 감기는 만병의 근원

- くしゃみ 재채기
- せき 기침
- 鼻水 콧물
- 発熱 발열
- 頭痛 두통
- 腹痛 복통
- 仮病 꾀병
- やぶ医者 돌팔이 의사
- 東洋医学 동양의학
- 西洋医学 서양의학
- はり 침
- きゅう 뜸
- あんま／指圧／マッサージ 안마/지압/마사지
- ツボ 뜸자리
- 経絡 경락
- 整体治療 정체 치료
- 漢方薬 한방약
- ヨガ 요가
- 急病 급환
- 慢性病 만성병
- 体質改善 체질 개선
- 自然治癒力 자연치유력

美容整形

미용 성형

　近年韓国では、美容整形手術がより身近なものとなっています。その技術の高さと低く抑えられた費用のためか、日本からの客も増加傾向にあります。

　以前は単に「顔のさまざまな悩みを解消したい」「きれいになりたい」という心理から行われる整形が多かったのに対して、最近は結婚や就職など特定の目的のためには整形も辞さない、と考える人が増えてきました。

　整形外科産業では体全体を対象とする整形商品を絶えず開発し、若い女性ばかりでなく、男性や幅広い年齢層にまで呼びかけています。

　外見ばかりに気をとらわれず、内面を磨くことで心美人になることもできます。しかし、美へのあこがれには限りがないのかもしれません。

번역

　요즘 한국에서는 미용 성형 수술이 더욱 친근한 일이 되었습니다. 그 높은 기술과 싼 비용 때문인지 일본에서 오는 손님도 증가하는 경향에 있습니다.

　예전에는 단순히 "얼굴의 여러 가지 고민 거리를 해소하고 싶다"든지 "예뻐지고 싶다"는 심리에서 성형을 하는 일이 많았던 데 비해, 최근에는 결혼이나 취업 등 특정한 목적을 위해서 성형도 불사한다고 생각하는 사람이 많아졌습니다.

　성형외과 산업에서는 몸 전체를 대상으로 하는 성형 상품을 끊임없이 개발하고 젊은 여성뿐만 아니라 남성이나 폭넓은 연령층을 향해 어필하고 있습니다.

　외모에만 신경을 쓰지 말고 내면을 닦음으로써 마음 미인이 될 수도 있습니다. 그러나 미에 대한 동경에는 끝이 없을지도 모릅니다.

会話1　カンナの部屋で／山下かほりと南園カンナ（友人）

おしゃれの一手段ってやつ

山下　ええー！ これがカンナ？ まるで別人だね。

南園　ひどい顔だったでしょ。物心ついた時から、「ブス、ブス」って言われ続けて、「カンナ菌」扱いされてたからね。

山下　今のカンナからは想像もつかないよね。完璧で非の打ち所がないもん。

南園　私もさ、いまだに朝起きて鏡を見るとビックリするんだよ。「この人誰？」みたいな。

山下　アハハ！ でもカンナは整形のこと大っぴらに話すし、カラッとしてるよね。カンナと会ってから整形に対する考え方とか変わった感じ。

南園　みんな大げさなんだよ。整形って美容院で髪型を変えたり、かわいい服を買ったりするのと同じ感覚でするものだよ。おしゃれの一手段ってやつ。

山下　そっか。整形っていうと何となく「後ろめたさ」みたいなものがあるんだよね。

南園　でもさ、生まれ持った外見が原因で人生を楽しめないなら、いっそ自分で変えちゃうのもありじゃない？

山下　そうだよね。きれいになったら、周りの態度も違うだろうし、ドラマみたいな恋愛もできる。職業の幅(はば)も広がって、お金にも困らなさそう。私も思(おも)いきってやってみようかな。

単語・表現

物心つく　철이 들다
ブス　호박, 추녀
菌　균
〜扱い　~ 취급
想像がつく　상상이 가다
完璧だ　완벽하다
非の打ち所がない　하나도 나무랄 데가 없다

鏡　거울
整形　성형
大っぴらだ　공공연하다
カラッとする　활짝 트이다
大げさだ　과장이 심하다
髪型　머리 모양
感覚　감각

おしゃれの一手段　멋을 내는 하나의 수단
後ろめたさ　떳떳하지 못함
生まれ持つ　가지고 태어나다
いっそ　차라리
ありだ　있을 수 있다, 괜찮다
幅　폭
思いきって　과감히

自由会話1

1. 整形について知っていること(費用・方法など)を話しましょう。

2. 整形をするきっかけにはどんなことがあるでしょうか。

3. 南園カンナの言うように、整形はおしゃれの一手段でしょうか。また、この女性のように整形をして前向きに生きる人をどう思いますか。

4. 外見と性格は関係があるでしょうか。

5. 「美人コンテスト(ミスコン)」についてどう思いますか。「美」の本質とは何かも合わせて考えてみましょう。

会話2　自宅の台所で／大野健二と大野早苗(父と娘)

人間、大切なのは外見じゃないぞ

健二　整形したいってどういうことだ。
　　　お前は十分かわいいじゃないか。

早苗　何言ってんの？ お父さん！ このコンプレックスだらけの
　　　顔が鏡に映るたびに、私、死にたくなるんだよ。

健二　いいか。人間、大切なのは外見じゃないぞ。
　　　内側からにじみ出る美しさだ。

早苗　そんなのきれいごとじゃん。私、アナウンサーになりたくて、
　　　20社以上説明会回ったんだよ。なのに顔のせいで全部落と
　　　されてんだから！

健二　そんなはずないだろう。だいたいな、顔のことなんか気に
　　　する暇があったら、もっと勉強して才能や感性を磨くんだな。

早苗　ねえ、お父さんは何で反対するのよ？

健二　親からもらった顔にメスを入れるなんて、反対に決まってるだろう！

早苗　私の顔なんだから、どうしようと勝手でしょ。

健二　お前にいつか子どもができたって、自分に全然似てない子が生まれてくるんだ。そこまで考えて言ってんのか。

早苗　っていうか、私がこんな不細工に生まれたのは、お父さんに似たせいじゃん。責任とってよ。

健二　何だ、責任って？

早苗　だから、娘の幸せのためにお金出して。

単語・表現

コンプレックス　콤플렉스
映る　비치다
内側　안쪽, 내면
にじみ出る　스며 나오다
きれいごと　겉치레만 좋은 것
アナウンサー　아나운서
才能　재능
感性　감성
メスを入れる　메스를 가하다
勝手だ　자유다
似る　닮다
っていうか　그래서
不細工だ　못생기다
責任　책임

自由会話2

1. 人間にとって大切なのは外見じゃないと思いますか。

2. 恋人や子どもに「整形手術を受けたい」と相談されたら何と答えますか。反対する場合はどのように説得しますか。

3. あなたが一か所だけ整形するとしたら、どこを変えたいですか。また、その理由は何ですか。

4. 外見が恋愛や仕事に影響すると思いますか。また、外見のよさが重要だと思われる職種にはどんなものがありますか。

5. 美容整形の宣伝コピーを作ってみましょう。

関連語句

- 一重(ひとえ)まぶた　홑눈꺼풀
- 二重(ふたえ)まぶた　쌍꺼풀
- 埋没法(まいぼつほう)　쌍꺼풀 수술의 한 방법(윗눈꺼풀을 실로 묶는 방법)
- 団子(だんご)っ鼻(ばな)　주먹코
- 鼻筋(はなすじ)を通(とお)す　콧날을 세우다
- 隆鼻術(りゅうびじゅつ)　코를 세우는 수술
- 脂肪吸引(しぼうきゅういん)　지방 흡입
- 豊胸手術(ほうきょうしゅじゅつ)　유방 융기술, 유방 확대수술
- シャープなあご　날카로운 턱
- ニキビ跡(あと)　여드름 자국
- ソバカス　주근깨
- シミ　검버섯, 기미

- シワ　주름
- たるみ　(피부가) 느슨함
- フェイスリフト／顔(かお)の若返(わかがえ)り　얼굴의 주름이나 처짐을 없애는 수술
- レーザー治療(ちりょう)　레이저 치료
- ピーリング　피부 박피술
- アートメイク　아트 메이크
- プチ整形(せいけい)　퀵성형
- 後遺症(こういしょう)　후유증
- 自己実現(じこじつげん)　자기 실현
- 生(う)まれつき　타고난 것, 천성
- 容姿(ようし)　외모
- 性(せい)の商品化(しょうひんか)　성의 상품화

ワンポイント・アドバイス

「外科(げか)」とひとくちに言っても、整形外科(せいけい)、形成外科(けいせい)、成形外科(せいけい)などいろいろですが、みなさんはこれらの違いが分かるでしょうか。整形外科は、骨(ほね)、関節(かんせつ)、筋(すじ)、腱(けん)といった人体の運動に関係する器官の機能回復、保持を目的とした骨折(こっせつ)、脱臼(だっきゅう)などの治療、手術を行います。一方、形成外科では、人体の外表(がいひょう)にある先天的(せんてんてき)・後天的変形(こうてんてきへんけい)や奇形(きけい)の改善を目的とした治療や手術を行います。また、形成外科がかつて成形外科と呼ばれていたことがあるのですが、現在は成形外科という呼び方はなくなりました。ちなみに、美容外科は治療範囲としては形成外科の一分野ですが、日本では一般的に「美容整形」「整形手術」と呼ばれています。

美に関することわざ

美人は三日で飽きる　미인은 3일이면 질린다
ブスは三日で慣れる　추녀는 3일이면 익숙해진다

宗教

종교

　宗教は大きく世界宗教、民族宗教、そして原始宗教というふうに分類することができます。世界宗教というのは民族や国家を超えて世界各地に広まっている宗教のことをいいます。たとえばキリスト教、仏教、そしてイスラム教などがそれです。民族宗教というのは、その民族の伝統や習慣と深く結びついて成立・存続する宗教のことです。ユダヤ教や日本の神道がその代表例でしょう。

　一方、原始・未開社会で行われている宗教を原始宗教といいます。特定の開祖がなく、儀礼が公共的に行われ、法・政治・経済・道徳・慣習などと密接に関わっています。多くはアニミズム・マナイズム・トーテミズムなどの形態をとります。これらとは別に、既成宗教に対し新しく興った宗教を新興宗教と呼びます。多くは教祖を有し、現世における救いを求めるのが特徴です。その他、儒教や道教なども宗教と同列のものと考えられたりします。

번역

　종교는 크게 세계종교·민족종교·원시종교로 분류할 수 있습니다. 세계종교는 민족이나 국가를 초월해서 세계 각지에 퍼져 있는 종교를 말합니다. 예를 들면 기독교·불교·이슬람교 등입니다. 민족종교는 그 민족의 전통·습관과 깊은 연관을 맺어서 성립하고 존속하는 종교입니다. 유대교나 일본 신도가 그 대표적인 예입니다.

　한편, 원시·미개 사회의 종교를 원시종교라고 합니다. 특정한 창시자가 없고 의례가 공동으로 행해지고 법·정치·경제·도덕·관습 등과 밀접한 관련이 있습니다. 대부분은 애니미즘·마나이즘·토테미즘 등의 형태를 취합니다. 이것들과 별도로 기성종교에 대해 새로 생겨난 종교를 신흥종교라고 부릅니다. 거의 교주가 있고 현세에서 구원을 찾는 것이 특징입니다. 그 외에 유교나 도교 등도 종교와 비슷한 것으로 여겨지기도 합니다.

会話1　喫茶店で／福島忠則と裵恩敬(友人以上恋人未満)

福島さん、何か信じている宗教がある？

裵　　　福島さん、何か信じている宗教がある？

福島　　いや、別に何もないけど。
　　　　そういえば、恩敬さんはクリスチャンだったよね。

裵　　　ええ、そうよ。祖父の代からのクリスチャン。

福島　　ふううん。

裵　　　ねえ。もし福島さんが結婚するとして、国籍、宗教、家庭環境、年齢のうち、どれが一番大切だと思う？

福　　　そうだなあ。国籍や宗教は別に関係ないし、年齢もあまり差がなければいいし、するとやっぱり家庭環境かなあ。
　　　　恩敬さんは？

裵　　　私は宗教かしら。やはり同じクリスチャンでないと。

福島　　同じクリスチャンか……。

裵　　　そうよ。そうじゃないと神様に祝福してもらえないし。それに、安息日には一緒に教会に行かないといけないでしょ。

福島 　そういうものかなあ。
　　　　僕はかまわないんだけど……。

単語・表現

宗教 종교	家庭環境 가정환경	祝福 축복
クリスチャン 크리스찬	年齢 연령	安息日 안식일
祖父の代 할아버지 대	差がない 차이가 없다	教会 교회
国籍 국적	神様 하느님, 하나님	

自由会話1

1. あなたは信じている宗教がありますか。それはどんな宗教ですか。

2. その他、宗教にはどんなものがありますか。知っていることについて話してください。

3. 宗教がある人とない人ではどんな違いがあると思いますか。話し合ってみましょう。

4. この二人の結婚と宗教に対する考え方の違いについて話し合ってみましょう。

5. 宗教に勧誘したりされたりした経験がありますか。それについて話し合ってください。

会話2

大学のキャンパスで／中森一郎と金哲洙(友人)

韓国ではクリスマスが休日なんですか

中森　韓国ではクリスマスが休日なんですか。

金　　ええ。それにお釈迦様の誕生日も休日ですよ。日本は休みじゃないんですか。

中森　日本は休日じゃありませんよ。

金　　ああ、日本人は神道だからですね。

中森　いやいや、そうじゃなくて、日本は政教分離が原則なんですよ。

金　　政教分離？

中森　つまり、政治が宗教に干渉してはいけないんです。

金　　だけど、毎年、日本の総理大臣が靖国神社に行くじゃないですか。

中森　　それはそうですけど、あれは国家行事じゃなくて、私事なんです。

金　　そうは見えませんけど……。
　　　それに夏休みに日本の各地を旅行したんですが、あちこちでお祭りをしていましたよ。

中森　　う〜ん。今のお祭りは宗教儀式というより、娯楽の面のほうが強いんですよ。

単語・表現

クリスマス 크리스마스	干渉する 간섭하다	お祭り 축제
お釈迦様 석가모니	総理大臣 총리대신	宗教儀式 종교 의식
神道 신도	靖国神社 야스쿠니 신사	娯楽 오락
政教分離 정교 분리	国家行事 국가 행사	
原則 원칙	私事 사사로운 일	

自由会話2

1. 韓国には宗教関係の休日があることについてどう思いますか。

2. あなたの日常生活に宗教が及ぼしている影響について話してください。

3. 宗教儀式と娯楽との関係について話し合ってみましょう。

4. 宗教と政治、宗教と国家の関係についてどう思いますか。

5. みんなで現代のニーズに合った新しい新興宗教を考えてみましょう。

関連語句

- 一神教 일신교
- 多神教 다신교
- 教団 교단
- 宗派 종파
- 信者／信徒 신자/신도
- 教義／教理 교의/교리
- 教典 교전
- 聖書 성경/성서
- 仏典／お経 불전/경전
- コーラン 코란
- 戒律 계율
- 教主 교주
- 御利益 부처 등이 인간에게 주는 은혜
- 聖地 성지
- 巡礼 순례

- ミサ・礼拝・礼拝 미사・예배・예불
- 神父・牧師 신부・목사
- シスター／修道女 수녀
- 僧侶／坊主 승려/중
- 神主 신사의 신관
- 巫女 무녀
- 創造主 창조주
- 天罰 천벌
- 罰が当たる 벌을 받다
- 天国／極楽 천국/극락
- 地獄／冥土 지옥/명토, 저승
- この世・あの世 이승・저승
- 浄土 정토
- 異端 이단
- カルト 칼트

ワンポイント・アドバイス

日本では新教と旧教を合わせてキリスト教といい、クリスチャンといいます。そして特に新教・旧教を区別するときは、プロテスタントやカトリックという言い方をします。その他、改新教と天主教という言い方もありますが、あまり一般的ではありません。それは日本のキリスト教信者が少ないためでしょう。また、新教も旧教も教会といいます。聖堂は、一般的には固有名詞として使われます。

余暇

여가

　経済の成長にともなって、働かずに過ごす時間、つまり余暇が着実に増えています。この余暇をどのように過ごすかが、いまや社会と個人の大きな課題となっています。

　個人の趣味も多様化しています。書店には数多くの余暇関係の雑誌があり、「こんな世界もあったのか」と、その雑誌を開いて驚くこともしばしばです。同じ趣味の人が集まる同好会も無数にあります。もちろんホームページもあります。そのほかスポーツや旅行、そしてボランティア活動に精を出す人もいます。各地にある文化センターは、自分の趣味を見つけようという人たちで大にぎわいです。

　現在の人間は、仕事と余暇という二つの側面を持つようになっています。増えた余暇をどのように有意義に過ごすか、これが人生の新たな課題と言えます。

번역

　경제 성장에 따라 일하지 않고 보내는 시간, 즉 여가가 착실하게 늘어나고 있습니다. 이 여가를 어떻게 보내는가가 지금 사회와 개인의 큰 과제가 되고 있습니다.

　개인의 취미도 다양해지고 있습니다. 서점에는 수많은 여가 관련 잡지가 있고, "이런 세계도 있었구나"라고 그 잡지를 펼치고 놀라는 경우도 종종 있습니다. 같은 취미의 사람이 모이는 동호회도 많이 있습니다. 물론, 홈페이지도 있습니다. 그 외 스포츠나 여행, 그리고 자원 봉사 활동에 열정을 쏟는 사람도 있습니다. 각지에 있는 문화 센터는 자신의 취미를 찾으려는 사람들로 매우 북적입니다.

　현재의 인간은 일과 여가라는 두 가지 측면을 가지게 되었습니다. 늘어난 여가를 어떻게 의미있게 보낼까, 이것이 인생의 새로운 과제라고 할 수 있습니다.

会話1　会社の事務室で／金田刈雄と福島忠則

こんどの大型連休、どこかへ行きますか

福島　こんどの大型連休、どこかへ行きますか。

金田　家でごろごろして、テレビでも見てるよ。
　　　パチンコに行ってもどうせすっちゃうだろうし、競馬はこのところついてないし。

福島　僕は、ちょっとエジプトに行ってきます。

金田　ええっ、それはまた、どうして？
　　　お前は金持ちだなあ。

福島　生涯教育講座で古代エジプト文化を習ってるんですけど、それの現地見学なんです。

金田　でも、またなんでそんなことを勉強するんだよ？
　　　何か、もうかることでもあるのか？

福島　そんなこと、ありませんよ。ただ古代文明の遺跡をこの目で見てみたいんですよ。

金田　いやいや、まいった、まいった。お前も変な奴だな。

単語・表現

大型連休 대형 연휴, 긴 연휴	エジプト 이집트	なんで 왜
ごろごろする 빈둥거리다	金持ち 부자	もうかる 돈벌이가 되다
パチンコ 파친코	生涯教育講座 평생교육강좌	文明 문명
する 돈을 잃다	古代 고대	遺跡 유적
競馬 경마	文化 문화	この目で 자기 눈으로 직접
ついてない 재수가 없다	現地見学 현지 견학	まいる (승부에) 지다, 항복하다

07 余暇

自由会話1

1. 一年にどのくらい休みがありますか。それはどんな種類の休日ですか。

2. 普通、余暇にはどんなことをしますか。また、余暇にしたいことは何ですか。それは、どのようにすればできますか。

3. 余暇を過ごすために、どのくらいの費用がかかりますか。いろいろな例を挙げて話してみましょう。また、収入の中からどのくらいを余暇に割り当てることができますか。

4. 余暇を生活の中心に置き、そのために仕事をするという人もいます。そういう生き方について、どう思いますか。

5. 人それぞれの余暇の過ごし方があると思いますが、どのような過ごし方がいいと思いますか。年齢別に例をあげて話し合ってください。

会話2

市の社会教育課で／生涯教育の担当者A・B

まったく八方ふさがりだよ

担当者A　政府と県の補助金が大幅に減らされたから、来年増やすつもりにしていた新しい講座のほとんどができなくなったよ。

担当者B　市の予算もいっこうに増えないし、これでは講師の謝礼も満足に払えないな。

担当者A　無駄遣いは、まだいろいろあるのに、それをまず削ってほしいね。

担当者B　まったく八方ふさがりだよ。
やはり講座の数を減らすしかないか。

担当者A　しかしだね。高齢化と不況で余暇のある人は増えてるんだから。そうだ！

担当者B　どうした？

担当者A　お金の足りない分はボランティア講師を募集すればいい。

担当者B　そうすれば、会場を提供するだけですむけど、それでいい講師が集まるかなあ。

担当者A　前からの講師には謝礼を払っているから、その人たちとの差も生じるし……。

担当者B　う〜ん。

単語・表現

社会教育課 사회교육과	つもり 예정, 작정	八方ふさがり 어찌할 방도가 없음
担当者 담당자	講座 강좌	高齢化 고령화
政府 정부	予算 예산	不況 불황
県 현	いっこうに 조금도	ボランティア 자원 봉사(자)
補助金 보조금	講師 강사	募集する 모집하다
大幅 대폭	謝礼 사례	提供する 제공하다
減らす 줄이다, 감하다	無駄遣い 낭비	差が生じる 차가 생기다
増やす 늘이다	削る 줄이다, 삭감하다	

自由会話2

1. 生涯教育の講座や文化センターの講座には、どのようなものがありますか。

2. それらの講座を何か受講したことがありますか。これから受講したい講座や開講されたらいいと思う講座は何ですか。

3. ボランティアをするとしたら、どんなことをしようと思いますか。

4. 職業を持っているときの余暇と、退職後の余暇は違うと思います。
それぞれについて話し合ってください。

5. みなさんが生涯教育や文化センターの担当者だったら、高齢者のためにどのような講座を開設したら良いか、話し合ってみましょう。

関連語句

- 休養／休息 휴양/휴식
- 休暇 휴가
- 暇 한가한 시간
- 暇つぶし 심심풀이
- ゆとり 여유
- 生きがい 사는 보람
- インドア・アウトドア 실내·야외
- 園芸／ガーデニング 원예, 가드닝
- 庭いじり 취미로 정원을 가꿈
- 日曜大工 집안 목수일
- 映画鑑賞 영화 감상
- 音楽鑑賞 음악 감상
- 芸術 예술
- 美術 미술
- 演劇 연극
- パソコン 퍼스널컴퓨터
- 食べ歩き／グルメ 맛있는 음식을 찾아다님, 미식/미식가
- 遊び 놀이
- 行楽 행락
- ピクニック 피크닉
- ハイキング 하이킹

- キャンプ 캠프
- ゲーム 게임
- 釣り 낚시
- ゴルフ 골프
- スキー 스키
- 登山 등산
- 運動 운동
- 散歩 산책
- ごろ寝 아무데서나 누워서 잠
- 公民館 공민관; 시민회관·구민회관
- ドライブ 드라이브
- 森林浴 삼림욕, 산림욕
- バードウオッチング 버드워칭; 산야를 다니며 자연 속에서 새의 모양이나 울음소리를 즐기는 일
- レジャー 레저
- レクリエーション 레크리에이션
- 賭け事／ギャンブル 내기/도박
- 競馬 경마
- 競輪 경륜
- 競艇 경정
- パチンコ 파친코
- 宝くじ 복권

国際化・移住

국제화 · 이주

　国際化は世界の潮流です。経済や文化の強い流れが、国境を越えて他の国に浸透し、その国の社会を変えてしまっています。よりよい生活を求めて、よその国に出稼ぎに行ったり、移住したりする人たちも増えています。今や一国だけで孤立しては、生きていけません。国境の意味は薄れ、国と言う概念も変わってきています。

　このような国際化・グローバル化は、米ソの冷戦対立が終わり社会主義体制がほぼ崩壊したことで、一段と進んできました。

　ヒト、モノ、カネ、情報は、市場メカニズムによって移動し、国境を越えた企業の合併・買収は当たり前になっています。歴史のある大企業でも国際競争に敗れれば、たちまち倒産します。世界は大競争時代に入ったといわれていますが、このような流れに反発する動きもあります。

번역　　국제화는 세계적인 추세입니다. 경제나 문화의 강한 흐름이 국경을 넘어서 다른 나라에 침투하고 그 나라의 사회를 바꾸고 있습니다. 더 좋은 생활을 찾아서 다른 나라에 돈벌이하러 가거나 이주하는 사람들도 늘어나고 있습니다. 이제는 한 나라만 고립되어서는 살아갈 수 없습니다. 국경의 의미는 희박해지고 국가라는 개념도 변하고 있습니다.
　　이러한 국제화 · 글로벌화는 미국과 소련 사이의 냉전 대립이 끝나고 사회주의 체제가 거의 붕괴됨으로써 더욱 빨리 진행되어 왔습니다.
　　사람 · 물건 · 돈 · 정보는 시장 메커니즘에 의해 이동하고 국경을 초월한 기업의 합병이나 매수는 당연한 일이 되었습니다. 역사가 오래된 대기업이라도 국제 경쟁에 지면 즉시 도산합니다. 세계는 대경쟁 시대에 들어갔다고 하지만 이러한 흐름에 반발하는 움직임도 있습니다.

会話1　スーパーで／金持成子と大野康江(近所の主婦同士)

外国からどんどん労働者が入ってきていますね

金持　中国産のたまねぎと、トンガのかぼちゃ、韓国のキムチ、オーストラリアの牛肉、デンマークチーズ、それにカリフォルニア・ワインと、これで全部そろったわ。

大野　あらまあ、奥さま、たくさん買って、きょうはパーティーですの？　うちは円高で会社の業績がよくないものですから、家計の節約ですのよ。オホホホ。

金持　宅の会社は輸入専門ですから、今はまあまあざあますわ。それよりお宅の会社はマレーシアにお移りになるって本当ざあますか。

大野　ええ、日本で作るより、あちらで作ったほうが安くできるんですって。ですから、主人も近々あちらにまいりますの。下の娘はアメリカに留学する予定ですし、上の娘もいずれ外国に行けるようないい会社に就職すると思いますのよ。そうすれば、私もマレーシアへ行きますのよ。オホホホ。

金持　まあ。うらやましいざあますわ。でもそうやって皆さまが外国へ行かれる一方で、外国からどんどん労働者が入ってきていますね。日本はいったいどうなるざあましょうか。

単語・表現

トンガ 통가;남태평양의 왕국	家計 가계	まあまあ 그럭저럭, 그저 그런 정도
かぼちゃ 호박	節約 절약	～ざあます(＝～でございます)
円高 엔고	宅 남편(상류층에서 사용하는 말)	~입니다;잘난 체하는 부인들이 사용
業績 업적	輸入専門 수입 전문	近々 머지않아

08 国際化・移住

自由会話1

1. 身近にある輸入品には、どんなものがありますか。いろいろあげてください。

2. 中国など海外に進出した会社を知っていますか。なぜ海外に行ったのか、その理由を知っていますか。

3. 外国資本の会社にはどんな会社がありますか。知っているところをあげてください。

4. 韓国には今や多くの外国人がいます。その人たちはどのような理由で韓国にやってきたのでしょうか。

5. この二人の女性の話し方について、いろいろ意見を交わしてみましょう。

会話2 大学院の研究室で／中森一郎と金哲洙(友人)

投資移民といわれるケースです

金　日系ブラジル人と呼ばれる人たちが、大勢日本に働きに来ていますね。あの人たちの祖先は日本人ですか。

中森　そうなんです。ブラジルへは明治末期から移住が始まって、日本人の海外移住先としては、一番多いんです。それが1980年代になると、今度はその子孫たちが、景気のいい日本にぞくぞくと出稼ぎにやってくるようになったんです。

金　韓国では今も移民が盛んで、毎日のように新聞に広告が出ています。一番人気があるのが、カナダで、次がアメリカ、ニュージーランドあたりです。

中森　その人たちは韓国では食べていけないんですか。

金　いや、中産階級の人たちが、さらによい生活を求めて、行くんです。

中森　向こうでは何をしているんですか。

金　　私の家の前に住んでいた一家の場合、ご主人が大会社をリストラされたのをきっかけに、カナダのトロントに行きました。向こうで奥さんは看護婦、ご主人はスーパーを開きました。投資移民といわれるケースです。

中森　そうすると、昔のように、食うに困っての農業移民とは今は違うんですね。

金　　ええ、大学出の中流階級がより良い生活、より大きな人生を求めて移住してるんです。悲壮感などまったくなく、むしろ周りからうらやましがられています。

単語・表現

祖先 선조	出稼ぎ 한때 타관에 가서 벌이를 함	看護婦 간호사
明治 메이지 시대 (1868~1912년)	移民 이민	投資移民 투자 이민
末期 말기	盛んだ 활발히 행해지다	～出 ~ 출신
移住 이주	～あたり ~ 같은 곳	中流階級 중류계급
子孫 자손	食べていけない 살아갈 수 없다	悲壮感 비장감
ぞくぞくと 잇달아	中産階級 중산계급	うらやましがる 부러워하다

自由会話2

1. あなたの周りに海外移住した人がいますか。なぜ移住したのですか。向こうでは、何をしていますか。

2. あなたがもし移住するとしたら、どこの国へ行って何をしたいですか。

3. 海外移住は韓国にとって、プラスでしょうか、それともマイナスでしょうか。

4. 海外に留学するとすれば、どこの国で何を勉強しますか。また海外で就職するとすれば、どうですか。

5. 国際化やグローバル化という言葉から、どんなことをイメージしますか。

関連語句

- グローバリズム／地球主義（ちきゅうしゅぎ） 지구주의

- インターナショナリズム 국제주의

- グローバリゼーション／グローバライゼーション 국제화

- 地球規模化（ちきゅうきぼか） 지구규모화

- 地球村（ちきゅうむら） 지구촌

- 宇宙船地球号（うちゅうせんちきゅうごう） 우주선 지구호

- グローバル・スタンダード 글로벌 스탠더드

- 反（はん）グローバリズム 반 글로벌리즘

- 地域化（ちいきか） 지역화

- 地域主義（ちいきしゅぎ） 지역주의

- リージョナリズム／地域統合（ちいきとうごう） 지역 통합

- ナショナリズム／国家主義（こっかしゅぎ） 국가주의

- パトリオティズム／愛郷主義（あいきょうしゅぎ） 애향주의

- アルテルモンディアリズム（もうひとつのグローバル化（か）） 또 하나의 세계화

- 単一文化主義（たんいつぶんかしゅぎ） 단일문화주의

- 多文化主義（たぶんかしゅぎ） 다문화주의

- 共同体主義（きょうどうたいしゅぎ） 공동체주의

- 人種のるつぼ／人種のサラダボウル（じんしゅ） 인종의 도가니

- 国際共通語（こくさいきょうつうご） 국제공통어

- アメリカナイゼーション 미국화

- アメリカリズム 미국주의

- グローバル資本主義（しほんしゅぎ） 글로벌 자본주의

- 単一市場化（たんいつしじょうか） 단일시장화

- 多国籍企業（たこくせききぎょう） 다국적 기업

- 海外市場戦略（かいがいしじょうせんりゃく） 해외 시장 전략

- 通貨危機（つうかきき） 통화 위기

- UN（＝国際連合（こくさいれんごう）／国連（こくれん）） 국제연합

- 事務総長（じむそうちょう） 사무총장

- 常任理事国（じょうにんりじこく） 상임이사국

- IMF（＝国際通貨基金（こくさいつうかききん）） 국제통화기금

- WTO（＝世界貿易機関（せかいぼうえききかん）） 세계무역기구

- FTA（＝自由貿易協定（じゆうぼうえききょうてい）） 자유무역협정

- IOM（＝国際移住機関（こくさいいじゅうきかん）） 국제이주기구

- WIPO（＝世界知的所有機関（せかいちてきしょゆうきかん）） 세계지적소유기구

- NGO（＝非政府組織（ひせいふそしき）） 비정부조직

- 国籍（こくせき） 국적

- 帰化（きか） 귀화

- 永住権（えいじゅうけん） 영주권

- 市民権（しみんけん） 시민권

- 不法滞在（ふほうたいざい） 불법 체류

- 密入国（みつにゅうこく） 밀입국

- 国際結婚（こくさいけっこん） 국제 결혼

- 国際犯罪（こくさいはんざい） 국제 범죄

暴力

폭력

　乱暴な力や無法な力のことを暴力といいます。この暴力、必ずしも物理的な力だけではなく、精神的な暴力も存在します。また、小は個人による暴力から大は国家による暴力まで、その様相は様々です。
　いたずら電話や性的嫌がらせ。幼児虐待や高齢者虐待に家庭内暴力。夫やパートナーが妻や恋人に対してふるうDV(Domestic Violence)。校内暴力や暴力団。権力による暴力から先進国と開発途上国というように社会構造にインプットされた構造的暴力。そしてテロリズムや核兵器による暴力。我々は常に暴力と接しているのです。
　また、解決手段として安易に暴力に頼ったり、力を誇示するあまり暴力を美化したりと、我々はいとも簡単に暴力の誘惑に魅せられてしまうことがあります。被害者として、また加害者として、暴力について考えてみましょう。

번역

　난폭한 힘이나 무법한 힘을 폭력이라고 합니다. 폭력 중에는 물리적인 힘뿐만 아니라 정신적인 폭력도 존재합니다. 또 작게는 개인에 의한 폭력에서 크게는 국가에 의한 폭력까지 그 형태는 다양합니다.
　장난 전화나 성희롱. 유아 학대나 고령자 학대에 가정내 폭력. 남편이나 파트너가 아내나 연인에게 휘두르는 DV(더메스틱 바이얼런스). 교내 폭력이나 폭력단. 권력에 의한 폭력이라든가 선진국과 개발도상국과 같이 사회 구조에서 오는 구조적 폭력. 그리고 테러리즘이나 핵무기에 의한 폭력. 우리는 항상 폭력과 접해 있습니다.

　또 문제 해결의 수단으로 안이하게 폭력에 의지하거나 힘을 과시하는 나머지 폭력을 미화하기도 하고, 우리는 너무 쉽게 폭력의 유혹에 넘어가는 경우가 있습니다. 피해자로서 또한 가해자로서 폭력에 대해 생각해 봅시다.

会話1 喫茶店で／山下かほりと南園カンナ(友人)

まさか、中村さんに殴られたの？

山下　　どうしたの、そのあざ。

南園　　彼。

山下　　彼って、恋人の中村さんのこと？

南園　　そう。

山下　　まさか、中村さんに殴られたの？

南園　　私が馬鹿だって。馬鹿だから殴るんだって。

山下　　なんなのよ、それ。ちょっと、詳しく話してみてよ。

南園　　私にもよくわからないの。とにかくなんか、私の行動が
　　　　気に食わないらしいの。
　　　　それで私を、殴ったり、蹴ったり。

山下　　なに、それ。そんな奴、別れちゃえばいいじゃないの。

南園　　別れたらただじゃおかないって。普段はとても優しいのに。
　　　　それに生活もあるし。

山下　　生活って、あんた、働いてたじゃないの。

南園　　それが、彼にやめさせられたの。

山下　　それは完全なDVよ。福祉事務所(ふくしじむしょ)に相談に行きましょう。

単語・表現

あざ 멍	～てごらん ~어 봐	奴 놈
殴る 때리다	とにかく 하여간	別れる 헤어지다
なんだ 뭐야	気に食わない 마음에 들지 않다	ただじゃおかない 그냥 두지 않다
詳しい 상세하다	蹴る 차다	福祉事務所 복지사무소

自由会話1

1. 暴力をふるったこと、もしくは、ふるわれたことことがありますか。
自分の体験や聞いたことなどについて話してみましょう

2. DV(ドメスティック・バイオレンス)というのを聞いたことがありますか。
どんなことがDVになると思いますか。

3. DV・家庭内暴力や校内暴力はなぜ起こるのでしょうか。

4. DV・家庭内暴力や校内暴力の被害者に対する援助制度にはどんなものがあるでしょうか。また、どんなものが必要でしょうか。

5. 南園カンナはなぜ恋人と別れることができないのでしょうか。

不法滞在に不法就労

警察官　不法滞在に不法就労。それから売春と覚せい剤所持の容疑だ。

外国人　不法滞在だなんて。ビザが切れたのに気がつかなかっただけです。

警察官　半年も気がつかなかったのか。それに、留学ビザで入国しながら、日本語学校に通ったのは最初の二か月だけじゃないか。

外国人　それは日本の物価が高かったからで。
お金がたまったら、また通おうと思っていたんです。

警察官　ふざけんな。だいたいお前たち外人は、日本に来てろくなことしないんだ。

外国人　だけど、私たちの国は貧しいんです。そして私たちの国が貧しい原因は日本にもあるんです。

警察官　なんだと、この淫売が。日本に盾突く気か。

外国人　そんなことしていません。私はあのお店でウエイトレスをしていただけです。

警察官　あの店は暴力団の息がかかっていて、売春のあっせんもしている。それに、覚せい剤を持っていたじゃないか。

外国人　あれは店長が疲れたときにするようにってくれたんです。だけど、やっていません。

警察官　笑わせるな。とにかく今晩は泊まっていってもらうからな。

単語・表現

警察署　경찰서	所持　소지	貧しい　가난하다
不法滞在　불법 체류	容疑　용의	淫売　매춘부
逮捕する　체포하다	たまる　모이다	盾突く　대들다
取り調べ　조사	ふざけんな(=ふざけるな)　까불지 마	暴力団　폭력단
不法就労　불법 노동		息がかかる　입김이 닿다
売春　매춘	外人　외국인	あっせん　알선
覚せい剤　각성제	ろくだ　정당하다	笑わせる　웃기다

自由会話2

1. 言葉による暴力を経験したことがありますか。ある人は、経験談を話してください。

2. 日本語や韓国語にはどんな悪口がありますか。また、どんなときに使いますか。

3. 権力を背景とした暴力にはどんなものがあるでしょうか。

4. 暴力団や組織暴力について知っていることを話してみましょう。

5. 人はどんなときに暴力の使用に快感を感じると思いますか。

関連語句

- 対(たい)教(きょう)師(し)暴(ぼう)力(りょく) 대교사 폭력
- 身(しん)体(たい)的(てき)暴(ぼう)力(りょく) 신체적 폭력
- 精(せい)神(しん)的(てき)暴(ぼう)力(りょく) 정신적 폭력
- 性(せい)暴(ぼう)力(りょく) 성폭력
- 強(ごう)姦(かん)／レイプ 강간
- 暴(ぼう)行(こう) 폭행
- 痴(ち)話(わ)げんか 치정 싸움, 사랑 싸움
- 民(みん)事(じ)不(ふ)介(かい)入(にゅう) 민사 불개입
- DV防(ぼう)止(し)法(ほう) DV 방지법
- 緊(きん)張(ちょう)の蓄(ちく)積(せき)期(き) 긴장의 축적기
- 暴(ぼう)力(りょく)爆(ばく)発(はつ)期(き) 폭력 폭발기
- ハネムーン期(き) 허니문기
- デートバイオレンス 데이트 바이얼런스
- セカンドレイプ(二(に)次(じ)被(ひ)害(がい)) 세컨드 레이프(이차 피해)

- PTSD(心(しん)的(てき)外(がい)傷(しょう)後(ご)ストレス障(しょう)害(がい)) 실적 외상 후 스트레스 피해
- トラウマ 트라우마, 심리적 외상
- 心(こころ)のケア 마음의 치료
- 脅(きょう)迫(はく) 협박
- やくざ 야쿠자, 깡패
- ちんぴら 건달
- 民(みん)事(じ)介(かい)入(にゅう)暴(ぼう)力(りょく) 민사 개입 폭력
- 傷(しょう)害(がい)罪(ざい) 상해죄
- 暴(ぼう)行(こう)罪(ざい) 폭행죄
- 強(きょう)要(よう)罪(ざい) 강요죄
- 強(ごう)盗(とう)罪(ざい) 강도죄
- 恐(きょう)喝(かつ)罪(ざい) 공갈죄
- 器(き)物(ぶつ)損(そん)壊(かい)罪(ざい) 기물파손죄
- 決(けっ)闘(とう)罪(ざい) 결투죄

ワンポイント・アドバイス

ドメスティック・バイオレンス ― Domestic Violence(DV)とは日本語に直訳すると「家庭内・家族内の暴力」となります。一般的にはDVは「夫やパートナーが、妻や恋人に対してふるう暴力」として説明されますが、アメリカにおける最(さい)前(ぜん)線(せん)のDV活動では「表面上『親(しん)密(みつ)』な人間関係において、一方のパートナーが継(けい)続(ぞく)して他(た)方(ほう)をコントロールするパターン。またそのパターンを作り出し、維(い)持(じ)するための仕組み」という意味合いで使われています。日本では1980年代頃より、子から親への暴力を「家庭内暴力」という言葉で表現してきたため、混(こん)同(どう)を避(さ)けるためにドメスティック・バイオレンス(DV)という言葉がそのまま使用されています。

早期教育

조기 교육

　郵便受けに入れられた幼児教育のDM(ダイレクトメール)を目にすることは、もはや珍しくありません。子どもを持つ親なら一度はこれらに目を通して、焦ったり不安を感じたりするのではないでしょうか。今や早期教育ビジネスは一大産業となり、教育の低年齢化はますます進んでいます。
　まだ幼い我が子に対して、記録表片手にインプット作業を繰り返す異常さを訴える人もいれば、早期教育の効果や素晴らしさを実体験や脳のメカニズムに基づいて語る人もいます。また親としてできるだけのことを子どもにしてあげたい、という思いから多額のローンを組んで、高額な教材に手を出す人までいます。
　「学校の管理教育」や「受験戦争とその原因になっている学歴社会」といった問題も含めて、早期教育について話し合ってみましょう。

번역

　우편함에 들어온 유아 교육에 관한 DM(다이렉트 메일)을 보는 것은 이제 흔한 일이 되었습니다. 아이를 가진 부모라면 한 번쯤은 이것들을 훑어보고 초조하거나 불안을 느끼는 것은 아닐까요? 이제 조기 교육 비즈니스는 하나의 큰 산업이 되었고 교육의 저연령화는 더욱 진행되고 있습니다.
　한 손에 기록표를 들고 아직 어린아이에게 입력 작업을 반복하는 일이 얼마나 이상한가를 호소하는 사람도 있고, 조기 교육이 얼마나 효과적이고 훌륭한가를 실제 경험이나 뇌의 메커니즘에 근거해 말하는 사람도 있습니다. 또한 부모로서 가능한 한 모든 것을 아이에게 해 주고 싶다는 마음에서 고액의 대출금을 받아 비싼 교재에 손을 대는 사람까지 있습니다.
　'학교의 관리 교육'이나 '입시 전쟁과 그 원인인 학력 사회'라는 문제도 포함해서 조기 교육에 대해서 이야기해 봅시다.

会話1　公園で／菊池亜矢子と青木玲子（近所の主婦同士）

子どもの教育は3歳までが勝負なのよ

菊池　　あら、ルナちゃんママ！ お久しぶり。お忙しいんですか。

青木　　ルナのおけいこでね。
　　　　ほら、そろそろお受験に向けて本格的にやらないと。
　　　　塾に体操、リトミック、パソコン……親もしんどくて。
　　　　お宅は？

菊池　　うちは特に何も。主人とも相談したんですけど、子どもの
　　　　うちは、のびのびと遊ばせようって。

青木　　ねえ、今の子は幼稚園に入る前に文字も書けるし、本を
　　　　自分で読んだり九九までできる子もいるんだから。
　　　　そんなに悠長でいいの？

菊池　　早ければ早いほどいいとは思えなくて……。まだ2才ですし。

青木　　知らないの？ 子どもの教育は3歳までが勝負なのよ。
　　　　ともくんママなんか、インターのこといろいろ調べてるし、
　　　　うちもこうしちゃいられないわ。

菊池　　だけど、子どもにはその時にしかできないことがある
　　　　から……。

青木　　お宅、時代に取り残されるわよ。
　　　　じゃ、塾の時間なので、ごめんあそばせ。

単語・表現

おけいこ　학문·기술·예능 등을 배움	リトミック　리트미크	勝負　승부
お受験　유치원·초등학교 등의 입시	しんどい　힘이 들다	インター（＝インターナショナルスクール）　국제학교
～に向けて　~에 대비해서	お宅　댁	取り残される　뒤쳐지다
塾　학원	のびのび　자유롭고 느긋하게	ごめんあそばせ　안녕히 계세요
体操　체조	九九　구구단	
	悠長だ　느긋하고 서두르지 않다	

自由会話1

1. 子どもの頃、どんな習い事をしていましたか。その習い事は今、役に立っていますか。

2. 自分の子どもにはどんな習い事をさせたいと思いますか。それはどうしてですか。

3. 子どものうちはのびのびとあそばせようという考え方について、どう思いますか。

4. 子どもにあって大人にない能力には、どんなものがあるでしょうか。

5. 早期教育の効果や弊害について知っていることを話してみましょう。

そうも言ってられないわよ

亜矢子　今日ね、「パルニーの英語システム」のアドバイザーさんがうちに来たの。

草太　ああ、いわゆる訪問販売員か。うまく追い返したか。

亜矢子　違うのよ。電話して来てもらったの。沙和ったらサンプルビデオに釘付けでね。

草太　ちょ、ちょっと。うちは、そういう類のことには無縁だろ？

亜矢子　そうも言ってられないわよ。
国際語を身につけさせるためなら、80万円はリーズナブルよね。私たち英語で苦労したじゃない。

草太　80万？ 何言ってるんだ。

亜矢子　今は右脳で言葉を覚える時期だから、英語も日本語と同じように自然に習得するらしいのよ。

草太　日本にいながら、英語もネイティブ並みになんて、無理な話だよ。

亜矢子　それで小学校に入ったらイギリスの寄宿舎に入れれば……。

草太　なあ、小さい子を外国に一人でやるなんて尋常じゃないだろう。

亜矢子　あら私もいっしょに行くつもりよ。あなたは公務員だから日本で頑張ってね。

単語・表現

リビング　거실
アドバイザー　어드바이저
訪問販売員　방문판매원
追い返す　물리치다
サンプルビデオ　샘플 비디오
釘付け　정신이 팔림

類　종류
無縁だ　관계가 없다
リーズナブルだ　(요금, 가격 등이) 타당하다
苦労　고생
右脳　우뇌

習得する　습득하다
ネイティブ並み　원어민 수준
寄宿舎　기숙사
尋常だ　보통이다, 평범하다

自由会話2

1. 子ども用の英語教材にはどんなものがありますか。値段や種類などについて話しましょう。

2. あなたは、いつから英語の勉強を始めましたか。また、何歳頃に習い始めるのがいいと思いますか。

3. 母語が確立する前に外国語を教えると、母語に悪影響を与えるという説があります。これについてどう思いますか。

4. 英語幼稚園・インターナショナルスクールに子どもを行かせることや、幼い子を英語圏に留学させることについてどう思いますか。長所や短所を話し合ってみましょう。

5. あなたは早期英語教育教材会社の訪問販売員です。説得力のあるセールストークで相手に教材を買わせるようなロールプレイをしてみましょう。

関連語句

- IQ(＝知能指数) 지능지수
- EQ(＝情動指数) 정서지수
- 英才教育／ギフテッド教育 영재 교육
- エリート教育 엘리트 교육
- 就学前教育 취학 전 교육
- 早期就学 조기 취학
- 飛び級・飛び進学 월반
- 幼児教室 유아 교실
- 右脳教育 우뇌 교육
- 情操教育 정조 교육
- 個性 개성
- 創造力 창조력
- 胎教 태교
- 公文式 구몬식
- 七田式 시치다식
- ドッツカード 도트카드; '0~100'까지의 숫자를 점자 형식으로 표현하는 시각 자극 학습
- フラッシュカード 플래시 카드; 잠깐 보여 글자를 읽게 하는 외국어 따위의 교재용 카드
- 読み聞かせ 읽어서 들려줌
- 3才神話 세 살 신화
- 三つ子の魂百まで 세 살 적 버릇이 여든까지 간다

- 競争心 경쟁심
- 対抗意識 대항 의식
- 見栄を張る 허세를 부리다
- 留学移民 유학 이민
- 教育費 교육비
- 投資 투자
- 将来性 장래성
- セット教材 세트 교재
- アクセント 악센트
- イントネーション 인토네이션, 억양
- 発音 발음
- 暗唱 암송
- かけ流し 어학 테이프 등을 그냥 틀어 놓음
- 臨界期仮説 임계기가설
- 第二言語習得 제2 언어 습득
- バイリンガル 이중언어 사용자
- トライリンガル／トリリンガル 삼중언어 사용자
- マルチリンガル／ポリグロット 다중언어 사용자
- 母国語 모국어
- 専門バカ 자기 전공밖에 모르는 사람

お酒

술

　お酒が好きで楽しく飲んでいる人もいれば、まったく飲めない人もいます。また、いつも酔っ払っているような人がいるかと思うと、お酒の嫌いな人もいます。

　お酒とのつきあいはそれぞれでしょうが、実はお酒ほど人間の歴史の中で人々の生活に深く関わっているものは他にないかもしれません。また、国や土地柄など文化の姿を表してくれるものでもあるのです。もちろん、個人的なつきあいをする時も、お酒を飲めばその人柄が分かることも多いでしょう。

　いずれにせよ、お酒は人と人の交流を円滑にする役割をしてくれるものであって、飲み方さえ間違えなければ人生に大きな恵みを与えてくれることでしょう。人とのつきあいを大切にしたいと思っている方はお酒とも上手につきあえば、きっと人間関係で幸運をつかんだり、役に立つことがあったりするかと思います。この課では、お酒についていろいろと話し合ってみましょう。

번역

　술을 좋아해서 즐겨 마시는 사람도 있고 반면 전혀 못 마시는 사람도 있습니다. 또 항상 술에 취한 듯한 사람이 있는 반면 술을 싫어하는 사람도 있습니다.

　어떤 식으로 술에 대하는지는 사람마다 다르겠지만, 실은 술만큼 역사상 사람들 생활과 깊은 관계가 있는 것은 달리 없을지 모릅니다. 또한 그 나라나 그 지역의 풍토 등 문화의 모습을 나타내 주기도 합니다. 물론 개인적으로 사귈 때에도 술을 마시면 그 인품을 알 수 있는 경우도 많습니다.

　어쨌던 술은 사람들 간의 교류를 원활하게 해 주는 역할을 하는 것이고, 마시는 방법만 잘못되지 않으면 인생에 큰 혜택을 줄 것입니다. 사람 사귀는 것을 중요시하는 분은 술과도 잘 사귀면 아마도 인간 관계에서 성공하거나 도움이 되는 일이 있을 것입니다. 이 과에서는 술에 대해서 여러 가지로 이야기해 봅시다.

会話1

福岡の繁華街で／地元の人・小倉九州男と李相吉

「酒ん友は〜、真の友」たい

小倉　あんた、ここんもんやなかごたるが、どこん人ね？

李　　ええ。韓国から出張で来たんですよ。博多にはよく来ますよ。

小倉　そんならあんたあ、韓国ん人かいな？
　　　よう来んしゃぁとね？　ここは〜、どげんね？

李　　ええ、とてもいい所ですね。
　　　街はきれいだし、食べ物はおいしいし。

小倉　そうたい、そうたい。ここはよかとこたい。何でん一番くさ。
　　　ところであんた、酒飲まんとね？

李　　いえ、とても好きなんですが、この店には日本酒がないんですか。

小倉　あんた。博多さ来て酒っちゅうたら、焼酎んこつばい。
　　　日本酒どん飲みよったら、そりゃつまらんばい。

李　　えっ。こちらにも焼酎があるんですか。実は焼酎の方が
　　　好きなんですよ。

小倉　そんならあんたもこっち来て、いっしょに酒ば飲みんしゃい。

李　　えっ。いいんですか。日本人は初めて知り合った人とは、
　　　あまり親しくできないって聞いたんですけど。

小倉　呑み助にそげなこつ、関係なかと。
　　　「酒ん友は～、真の友」たい。

単語・表現

繁華街　번화가　　　　　　日本酒　일본술, 정종　　　　呑み助(＝酒好き)　술꾼
地元　그 고장, 그 지방　　焼酎　소주　　　　　　　　真の友　진짜 친구
出張　출장　　　　　　　　知り合う　서로 알게 되다
街　거리　　　　　　　　　親しい　친하다
＊博多弁の解説は、96ページにあります。

自由会話1

1 お酒をよく飲むほうですか。それとも、そうではないですか。飲む人は、いつごろから飲みはじめましたか。

➡ 週に＿＿＿回ぐらい　月に＿＿＿回ぐらい　全然飲まない

2 お酒はどんなものが好きですか。また、どんなふうに飲みますか。お酒の種類とそれに合うおつまみについても話しましょう。

➡ ワイン　ウイスキー　スコッチ　バーボン　ウォッカ　ジン　カクテル　甘酒（あまざけ）　地酒（じざけ）　地ビール（じ）　発泡酒（はっぽうしゅ）
　どぶろく／マッコリ／トンドンジュ　チューハイ　ストレート　ロック　水割り（みずわ）　お湯割り（ゆわ）　熱燗（あつかん）　冷（ひや）

3 どんなときにお酒を飲みたくなりますか。また、誰とどこで、どんな話をしながら飲みますか。

4 酒の友は真の友だと思いますか。

5 お酒についての成功談や失敗談をみんなで話してみましょう。

会話2 居酒屋で／梁安柱と山下かほり

私はお酒がほとんど飲めない体質なんですよ

梁　　山下さん、さあどうぞ。もっと飲んでください。

山下　あのう、私は全然お酒飲めないんで、ちょっと……。

梁　　まあ、いいじゃありませんか。
　　　ここは韓国ですから、差し出された杯は飲まなければ
　　　だめですよ。

山下　でも、私はお酒がほとんど飲めない体質なんですよ。
　　　本当にすみませんが、これ以上は……。

梁　　飲めなくても飲まなければならないときは、無理をしても
　　　飲むのが、人間の付き合いというものです。さあ、どうぞ。

山下　はあ、じゃあ一杯だけ。

梁　　はい。じゃ、乾杯。
　　　おお。飲みっぷり、いいですね。じゃもう一杯いきましょう。

山下　たとえ韓国の習慣でも、もうこれ以上はだめです。

梁　　いま、「いっぱい」飲むって言ったでしょ。さあ、ぐっと。

山下　（顔色が悪くなる）　うっ。ううっ。

梁　　あれ、山下さん。どうしたんですか。
　　　だから、私は「一杯」だけにしなさいと言ったでしょう。

単語・表現

居酒屋　선술집　　　　無理をする　무리를 하다　　　飲みっぷり　술 마시는 모양
差し出す　내밀다, 바치다　付き合い　교제　　　　　習慣　습관
杯　술잔　　　　　　　一杯　한 잔, 많이　　　　　ぐっと　꿀꺽
体質　체질　　　　　　乾杯　건배

自由会話2

1. お酒にはどんな長所と短所があるでしょうか。

2. お酒が飲めない人に対して、どんな配慮をしなければなりませんか。
また、飲めない人は、どんな配慮をしてほしいですか。

3. お酒を飲むとき、あなたはどんなことに気をつけていますか。酔わない方法や酔いざましの方法について話してみましょう。

4. 未成年者の飲酒について、どう思いますか。

5. 韓国と日本のお酒の飲み方は、どんな点が違うでしょうか。

関連語句

- つまみ／酒の肴 술안주
- つきだし／お通し 처음 내놓는 가벼운 안주
- 一気飲み 한번에 마심, 원샷
- 深酒 과음
- はしご酒 술집 순례, 2차·3차 술
- ビアガーデン／ビアホール 비어가든, 비어홀
- 赤ちょうちん 대폿집, 선술집
- スナック 스낵; 주로 양주를 마시는 술집
- 高級クラブ 고급 클럽
- カラオケバー 가라오케 바
- ママさん 술집 마담
- つけ 외상
- チャンポン 짬뽕, 여러 가지 술을 섞어 마심

- 酔っ払う／酒がまわる 몹시 취하다
- ほろ酔い (술이) 얼근하게 취함, 거나함
- からむ 시비를 걸다, 트집을 잡다
- 吐く 토하다
- 泥酔 만취
- 千鳥足 술 취해서 비틀거림, 갈짓자 걸음
- 記憶が飛ぶ 기억이 날아가다, 필름이 끊기다
- 二日酔い 숙취
- 酒豪／左党／うわばみ 술꾼, 술고래
- 下戸 술을 못하는 사람
- 怒り上戸 술에 취하면 화를 잘 내는 버릇
- 泣き上戸 술에 취하면 우는 버릇
- 笑い上戸 술에 취하면 웃는 버릇

ワンポイント・アドバイス

博多弁(標準語)

～ん(～の)	なかごたるが(ないようですが)	どこん(どこの)
～かいな(～ですかね)	よう(よく)	来んしゃあとね(いらっしゃるんですか)
どげんね(どうですか)	～たい(～ですよ)	よか(よい)
何でん(何でも)	～くさ(～だ)	～とね(～ですか)
～さ(～へ)	～っちゅうたら(～と言ったら)	こつ(こと)
～ばい(～ですよ)	～どん(～なんか)	～よったら(～ていたら)
つまらん(だめだ)	～ば(～を)	～んしゃい(～なさい)
そげなこつ(そんなこと)	～なかと(～ないですよ)	

兵役

병역

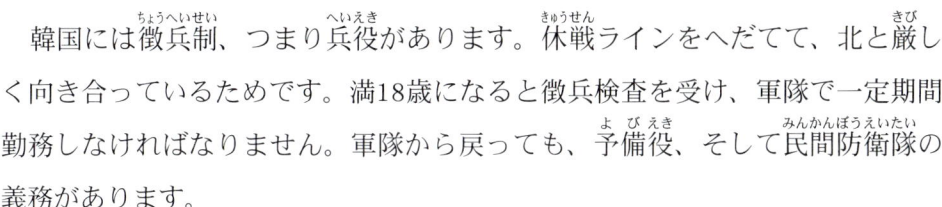

　韓国には徴兵制、つまり兵役があります。休戦ラインをへだてて、北と厳しく向き合っているためです。満18歳になると徴兵検査を受け、軍隊で一定期間勤務しなければなりません。軍隊から戻っても、予備役、そして民間防衛隊の義務があります。

　兵役は、韓国の若者にとって避けて通れない過程であり、心身は鍛えられるものの、学業の遅れは避けられません。特別な場合は兵役が免除されるほか、国、自治体、鉄道、社会福祉施設などでの代替勤務制度もありますが、兵役逃れのニュースはたびたび伝えられています。

　また軍隊に入っても、宗教上の理由から銃をとらないという若者たちも多く、一つの問題となっています。こうした事情を、日本の人たちに分かるように説明したいものです。

번역

　한국에는 징병제 즉 병역이 있습니다. 휴전선을 사이에 두고 북한과 긴장 속에 마주하고 있기 때문입니다. 만 18세가 되면 징병 검사를 받고 군대에서 일정 기간 복무해야 합니다. 제대한 후에도 예비역과 또 민방위의 의무가 있습니다.

　병역은 한국 젊은이에게 있어서 피할래야 피할 수 없는 과정이고 심신은 단련되지만 학업이 늦어질 수밖에 없습니다. 특별한 경우 병역이 면제되거나 국가, 자치제, 철도, 사회복지시설 등에서 대체근무하는 제도도 있습니다마는, 병역 기피의 뉴스는 종종 들려 옵니다.

　또 군대에 가더라도 종교적 이유로 총을 들지 않는다는 젊은이들도 많아 하나의 문제가 되고 있습니다. 이러한 사정을 일본인들이 이해할 수 있도록 설명할 수 있도록 합시다.

会話1

大学の喫茶店で／中森一郎と金哲洙と李相吉(知人)

韓国には、兵役があるんですね

中森　韓国には、兵役があるんですね。
　　　日本は戦後なくなったから、その様子が分からないな。
　　　どうしても行かないと、いけないんですか。

金　　もちろんです。行かないと罰せられます。
　　　刑務所に入らなければならないんです。
　　　私も大学2年のときに、陸軍に行ってきました。

中森　軍隊に入ると、心身が鍛えられて、一人前の男になるって
　　　聞いてますけど。ふにゃふにゃしている日本の若者も、
　　　ちょっと鍛えるべきだと思いますね。

李　　それゃ体は丈夫になりますよ。でも僕らから日本を見ると、
　　　軍隊に行かなくてもすむなんて、うらやましい限りですよ。

中森　軍隊に行くと、ご飯を食べるのが早くなるそうですね。

金　　入隊して間もないころ、食べ始めてすぐ「食事終わり」と
　　　言われるんです。それ以来、あっという間に食べてしまう
　　　癖が身につきました。

中森　軍隊生活にはつらいことも多いでしょうね。

金　軍隊って、楽しい思い出はあまりないですよ。

李　まあね。みんながよく話すのが、サッカーをして楽しかったという話ですね。

金　実際、それ以外には楽しいことはなかったんですよ。

単語・表現

兵役　병역	陸軍　육군	入隊する　입대하다
戦後　전후	軍隊　군대	間もないころ　금방, 바로
なくなる　없어지다	心身を鍛える　심신을 단련하다	あっという間　순식간
様子　상황, 모습	一人前の男　제 구실을 하는 남자	癖　버릇
罰する　벌주다	ふにゃふにゃしている　다부지지 못하다	身につく　몸에 배이다
刑務所　형무소	うらやましい　부럽다	思い出　추억

自由会話1

1. 日本の若者はふにゃふにゃしていると思いますか。そうだとすると、それは軍隊に行かないからでしょうか。

2. (まだ軍隊へ行ってない人や女性へ)周りの人の軍隊体験を聞いたことがあると思います。それを話してください。

3. (軍隊に行った人へ)楽しかったことは何でしたか。また、苦しかったことは何でしたか。いろいろな体験談を話してください。

4. 兵役があることのよい面とよくない面を話し合ってください。

5. 兵役逃れと兵役拒否はどう違いますか。それを説明し、あなたの意見も述べてください。

兵役って、いったいいつまで続くのかしら？

山下　ねえ、恋人が軍隊に入ると、面会に行くの？

裵　　ええ。ですけど、お互いの休みが合わないとか、前線近くの不便な所だとかで、なかなか会えないでいるうちに、気が変わって恋人関係解消ってケースが結構あるんですよ。

山下　それは悲劇ですね。それに大学の勉強のほうも影響を受けるでしょうね。兵役って、いったいいつまで続くのかしら？

裵　　南北の緊張が続く限り、軍隊は必要ですね。志願の人だけでは守れないから、若者が義務で軍隊に行くのは当分は仕方ないんじゃないかしら。

山下　まあ、そう割り切ればそうだけど、いま世界は平和に向かってるのよ。朝鮮半島は世界でも数少ない対立の場所なのね。

襄　ええ、南北双方にとって、相当な負担なんですけどね。一方が構えているから、もう一方もそれに備えなければならないの。

山下　でも世界を見ると、多国籍軍とか国連平和維持軍とかが、紛争の地に派遣されていますよ。

襄　争いごとを話し合いで解決できるようになるまでは、まだ時間がかかりそうね。

山下　そろそろ私たち女性が世界政治を動かさないと、駄目なのよ。

単語・表現

面会　면회
前線　전선
不便だ　불편하다
気が変わる　마음이 변하다
解消　해소
結構ある　꽤 있다, 많다
悲劇　비극
南北　남북
緊張　긴장

志願　지원
義務　의무
当分　당분간
割り切る　딱 잘라 결론짓다
朝鮮半島　조선반도
対立　대립
双方　쌍방
負担　부담
構える　자세를 취하다

備える　대비하다
多国籍軍　다국적군
国連平和維持軍　국제연합평화유지군
紛争の地　분쟁지
派遣する　파견
争いごと　분쟁

自由会話2

1. 若者が義務で軍隊に行くのは当分は仕方ないのではないかという妻さんの意見について、どう思いますか。

2. 面会に行ったこと、あるいは来てもらったことがありますか。その時、どんな話をしましたか。

3. 兵役が男性だけに義務づけられていることについて、どう思いますか。

4. 韓国には米軍が駐留(ちゅうりゅう)していますが、これについて、どう考えますか。

5. 核兵器、化学兵器、軍縮、南北統一の問題などと関連して、戦争と平和について話してみましょう。

関連語句

- 自衛隊(じえいたい) 자위대
- 空軍(くうぐん) 공군
- 空挺部隊(くうていぶたい) 공수 부대, 공정 부대
- 海兵隊(かいへいたい) 해병대
- 海軍(かいぐん) 해군
- 元帥(げんすい) 원수
- 大将(たいしょう) 대장
- 中将(ちゅうじょう) 중장
- 少将(しょうしょう) 소장
- 大佐(たいさ) 대령
- 中佐(ちゅうさ) 중령
- 少佐(しょうさ) 소령
- 大尉(たいい) 대위
- 中尉(ちゅうい) 중위
- 少尉(しょうい) 소위
- 准尉(じゅんい) 준위
- 特務曹長(とくむそうちょう) 특무상사
- 曹長(そうちょう) 상사
- 軍曹(ぐんそう) 중사
- 伍長(ごちょう) 하사
- 兵長(へいちょう) 병장
- 上等兵(じょうとうへい) 상등병, 상병
- 一等兵(いっとうへい) 일등병, 일병
- 二等兵(にとうへい) 이등병, 이병
- 士官・将校(しかん・しょうこう) 사관・장교
- 准士官(じゅんしかん) 준사관
- 下士官(かしかん) 하사관
- 戦車(せんしゃ) 전차, 탱크
- 装甲車(そうこうしゃ) 장갑차
- 艦艇(かんてい) 함정
- 戦闘機(せんとうき) 전투기
- 地上攻撃機(ちじょうこうげきき) 지상공격기
- 休学(きゅうがく) 휴학
- 復学(ふくがく) 복학
- 入隊(にゅうたい) 입대
- 入営(にゅうえい) 입영
- 脱営(だつえい) 탈영
- 兵役終了/除隊/退役(へいえきしゅうりょう/じょたい/たいえき) 병역 종료/제대/퇴역
- 新兵訓練所(しんぺいくんれんじょ) 신병훈련소
- 戦闘警察(せんとうけいさつ) 전투 경찰
- 職業軍人(しょくぎょうぐんじん) 직업군인
- 徴兵令(ちょうへいれい) 징병령
- 召集令状/赤紙(しょうしゅうれいじょう/あかがみ) 소집 영장
- 国民皆兵制(こくみんかいへいせい) 국민개병제도

同性愛 13

> 동성애

　「同性愛」について、私たちはどのような知識を持ち、どういうイメージを持っているのでしょうか。正直な話、性的対象として同性を選ぶという程度の知識、そして否定的なイメージなのではないでしょうか。ホモ、レズ、ゲイなど言葉だけは知っていても、正確な知識を持ち、正確なイメージを持っている人はほとんどいないと思います。また、「同性愛者」というと、その人の一部分である性的部分にだけ関心がいき、その人の人格などは全く無視しているのではないでしょうか。

　19世紀の末、医学者たちによって同性愛は「異常」「倒錯」「変態」と規定されました。しかし、現在の国際精神医学会やＷＨＯ(世界保健機関)では、同性愛を「異常」「倒錯」「変態」とはみなさず、治療の対象から外しています。

　「性」の多様さが明らかになりつつある今日、自分たちの問題として同性愛について考えてみましょう。さらに、心と体の不一致である「トランスジェンダー」など、多様な性のあり方についても話し合ってみましょう。

> 번역

　'동성애'에 대해서 우리는 어떤 지식과 어떤 이미지를 가지고 있을까요? 솔직히 말하면, 성적 대상으로서 동성을 선택한다는 정도의 지식과 부정적 이미지를 가지고 있는 것이 아닐까요? 호모·레즈비언·게이 등의 말은 알고 있어도 정확한 지식과 정확한 이미지를 가지고 있는 사람은 거의 없을 것입니다. 또 '동성애자'라고 하면 그 사람의 일부인 성적 부분에만 관심이 가고 그 사람의 인격 등은 전혀 무시하고 있지 않을까요?

　19세기 말에는 의학자들에 의해 동성애는 '이상'·'도착'·'변태'로 규정되었습니다. 그러나 현재의 국제정신의학회나 WHO(세계보건기구)에서는 동성애를 '이상'·'도착'·'변태'로 보지 않고 치료 대상에서 제외하고 있습니다.

　'성'의 다양한 모습이 밝혀지고 있는 오늘날, 동성애에 대해서 대해서 자신의 문제로서 생각해 봅시다. 그리고 마음과 몸의 불일치인 '트랜스젠더' 등 다양한 성의 모습에 대해서도 이야기해 봅시다.

会話1　自宅の居間で／菊池草太と菊池亜矢子(夫婦)

それって、レズじゃない

亜矢子　京子さん、同棲はじめたんですって。

草太　　本当！ 相手は誰？

亜矢子　大学時代のクラスメートだって。

草太　　クラスメート？ だけど、京子さん女子大じゃなかった？

亜矢子　そうよ。彼女、高校も大学も女子校よ。

草太　　じゃ、相手は女。それって、レズじゃない。

亜矢子　そういう言い方って、何かやだわね。差別しているみたいで。

草太　　そうじゃないけど……。
　　　　あの京子さんがねえ。とても女らしい人だったのに。

亜矢子　で、相手の人に会ったんだけど、とても素敵なの。
　　　　ボーイッシュで。

草太　　ええと、なんだったっけ。トランスジェンダーって言うんだっけ？

亜矢子　それとはちょっと違うんじゃないの？

草太　そうか、トランスジェンダーって、自分の性別に違和感を持つやつだったっけ？

亜矢子　でも、とにかく京子さん幸せそうだったわ。
　　　　私も考えちゃうなあ。

草太　おいおい。本気かよ。

単語・表現

居間 거실	差別する 차별하다	性別 성별
同棲 동거	女らしい 여성답다	違和感 위화감
クラスメート 클래스메이트	素敵だ 멋지다	本気 진심
女子校 여학교	ボーイッシュだ 남자 같다	
レズ 레즈비언	トランスジェンダー 트랜스젠드	

自由会話1

1. 同性愛について学校などで学んだことがありますか。それはどんなことですか。

2. 映画やテレビのドラマでは、同性愛をどのように描いているでしょうか。みんなで話し合ってみましょう。

3. 同性愛と異性愛と、本質的な違いがあるでしょうか。

4. トランスジェンダーについて知っていることがありますか。

5. 「やおい」「ボーイズラブ(BL)」「ガールズラブ(GL)」などの言葉を聞いたことがありますか。それについて話してみましょう。

会話2 大学のキャンパスで／田代浩幸と寺尾聡(幼なじみ)

お前、ひょっとしてホモ？

田代　あれ、そのセーター。

寺尾　うん。田代君のお気に入りのやつ。
　　　素敵なんで、僕も買ってみたんだ。

田代　ふう～ん。だけど、お前には似合わないんじゃないの。

寺尾　でも、いいんだ。田代君と一緒だから。

田代　一緒って言ったって……。

寺尾　そうだ。今度おそろいのセーター着て、二人で飲みに
　　　行こうよ。

田代　ええと、お前とは古い付き合いだけど、お前すこし変なん
　　　じゃない。

寺尾　変だなんて……。田代君、僕のこと嫌い？

田代　ええと、その、言いにくいんだけど。
　　　お前、ひょっとしてホモ？

寺尾　……。

田代　あ、傷(きず)ついた？　ごめん、ごめん。

寺尾　ねえ。もし僕が同性愛だったら、僕のこと軽(けい)べつする？

田代　ええ！　そんなこと、急に言われたって……。

単語・表現

お気に入り　마음에 듦
やつ　것
似合う　어울리다

一緒　함께
おそろいの　똑같은
ひょっとして　혹시

ホモ　호모
傷つく　상처 입다
軽べつ　경멸

自由会話2

1. あなたはカミングアウトしている同性愛者と話をしたことがありますか。

2. もし、友だちが同性愛者だとわかったら、どうしますか。

3. 同性愛者から、愛を告白されたらどうしますか。

4. あなたが同性愛者だとしたら秘密にしますか。それはどうしてですか。

5. 同姓婚の問題なども含めて、同性愛者の人権について考えてみましょう。

関連語句

- セクシュアリティー　섹슈얼리티, 성별
- 性的指向　성적 지향
- 生物的性　생물적 성
- ジェンダー・アイデンティティー　젠더 아이덴티티
- 社会的性役割　사회적 성 역할
- 同性指向　동성 지향
- 異性指向　이성 지향
- 性自認　성 자인
- ホモセクシャル　호모섹슈얼
- レズビアン　레즈비언
- ニューハーフ　(여장 남자) 드랙퀸
- ミスターレディ　(남장 여자) 드랙킹
- おかま　남색
- トランスセクシャル(性同一性障害)　트랜스섹슈엘
- インターセックス(半陰陽)　인터섹스, 반음양

- バイセクシャル　바이섹슈얼, 양성애자
- 偏見　편견
- 憎悪犯罪　증오 범죄
- 少数者　소수자
- 社会的弱者　사회적 약자
- ピンク・トライアングル　원래는 나치 독일이 동성애자 식별에 이용한 삼각마크. 현대에는 게이 심볼 마크로 사용
- ホワイトリボン・キャンペーン　사춘기 동성애자의 잇따른 자살을 널리 알리고, 그들이 필요로 하는 정보를 보다 간단히 얻을 수 있도록 하는 것
- 養子縁組　양자 결연
- 同性婚　동성혼
- ドメスティック・パートナー　더메스틱 파트너, 이성 또는 동성의 커플
- セイファーセックス　세이퍼 섹스, 보다 안전한 섹스

ワンポイント・アドバイス

同性愛者は社会の中で多くのストレスを受けています。多くの同性愛者が社会からの偏見や差別を避けるために異性愛者のふりをしているからです。これは自己表現の自由が奪われているといえます。そこで、討論する際には、機械的に何人かに「同性愛者の役割」を与え、同性愛者の立場から討論に参加してもらうという方法もあります。もちろん、真面目な態度で。

大統領・地方自治   14

대통령·지방 자치

　韓国は大統領制の国です。一方、日本は内閣総理大臣(首相)が政治の頂点にいます。世界には大統領制の国は数多くありますが、韓国やアメリカ、ロシアのように、大統領が直接、政治を行っている国と、ドイツやイタリアのように大統領はいても、その国の象徴であって、儀礼的な仕事だけをし、実際の政治は首相が行っている国もあります。

　軍事政権時代をへて大統領制を維持してきた韓国では、大統領に強い権限が集中しすぎるとして、不正腐敗を防ぐ見地からも、権限を縮小させ、国会で選出する首相に政治の実権を移すべきだという意見も出てきています。

　一方、地方自治は民主主義の原点といわれています。韓国は、建国当初は地方自治が行われていましたが、軍事政権によって長い間中止されたあと、1991年に地方議会議員選挙が、1995年から首長選挙が復活しています。

번역

　한국은 대통령제 국가입니다. 한편 일본은 내각총리대신(수상)이 정치의 정점에 있습니다. 세계에는 대통령제 국가가 많이 있습니다만, 그 중에는 한국·미국·러시아처럼 대통령이 직접 정치를 하는 나라도 있고, 독일·이탈리아처럼 대통령은 있어도 그 나라의 상징으로서 의례적인 일만 하고 실제 정치는 수상이 하는 나라도 있습니다.

　군사 정권 시대를 거쳐 대통령제를 유지해 온 한국에서는 대통령에게 강한 권한이 너무 집중되어 있으므로 부정 부패를 방지하는 견지에서도 권한을 축소시키고 국회에서 선출하는 수상에게 정치의 실권을 넘겨야 한다는 의견도 나오고 있습니다.

　한편 지방 자치는 민주주의의 원점이라고 일컬어집니다. 한국에서는 건국 당초에 지방 자치가 행해졌는데 군사 정권에 의해 오랫동안 중지된 후 1991년에 지방의회의원선거가, 1995년부터 수장선거가 부활되었습니다.

会話1 居酒屋で／中森一郎と李相吉(友人)

確かに韓国の大統領は強い力を持っているよ

中森　韓国の大統領は現代の王様という感じがするね。
　　　何でも不可能なことはないと思うんだ。

李　　日本にも天皇がいるじゃないか。

中森　日本の天皇は、国の象徴と憲法で規定されている。
　　　政治に関与してはいけないんだ。いわば国の飾りだね。

李　　ふうん。まあ確かに韓国の大統領は強い力を持っているよ。
　　　大統領の任期は5年だけど、その間に、首相に任命される
　　　のは5～6人。つまり、韓国の首相はいつクビになるか
　　　分からない。

中森　その点、日本の首相は国会で選ばれるから、政治の頂点に
　　　立っているけどね。ところで、君も将来、大統領の座を
　　　狙ってるんだろ？

李　　う～ん、政治はやりたいけど、大統領になると、親戚、学校
　　　の同窓、地域の人たちが寄ってたかって、利権にありつこう
　　　とする。それが恐ろしい。

中森　大統領を辞めたあと、捕まった人もいたね。
　　　日本でも同じようなケースがあったけど。

李　　だから僕は大統領にはならないんだ。

単語・表現

王様　왕	飾り　장식	同窓　동창
天皇　천황	任期　임기	寄ってたかって　여러 사람이 달라붙어
国の象徴　나라의 상징	任命する　임명하다	
憲法　헌법	クビになる　해고되다	利権　이권
規定する　규정하다	頂点　정점	ありつく　얻게 되다
関与する　관여하다	座を狙う　자리를 노리다	
いわば　말하자면	親戚　친척	

自由会話1

1. 大統領選挙の投票に行ったことがありますか。行った人は、どのような基準でその人を選びましたか。行かなかった人はなぜですか。

2. 韓国の歴代大統領で誰が一番好きですか。あるいは、嫌いですか。その理由は何ですか。

3. あなたが大統領になったら、どんなことをしますか。

4. 大統領制と議院内閣制の長所や短所について話しましょう。

5. 日本の天皇と総理大臣、韓国の大統領の権限などを比較してみましょう。

会話2 喫茶店で／中森一郎と田代浩幸(友人)

この市の市議会議員にまず立候補するんだ

中森 　さあ、来年はいよいよ25歳、選挙に出るぞ。

田代 　選挙って、まさかお前、総選挙に出るんじゃないんだろうな？

中森 　この市の市議会議員にまず立候補するんだ。代々続いた名門政治家の家柄とは違って、おれには地盤、看板、かばんがない。だから、手作りの市民運動をバックにするんだ。

田代 　それで「教育と環境を守る何とか」という、いまひとつ訳の分からない組織を作って署名運動なんかやってるんだな。

中森 　今度、資金集めのパーティーやるんだけど、お前も手伝ってくれよ。といっても、一回も投票に行ったことのない奴だからなあ。

田代 　それいいなあ。おれも何かパーティーやるか。

14 大統領・地方自治

中森　馬鹿野郎、お前に金を出す人はいないだろうな。
　　　だからおれに協力しろよ。

田代　金くれたら協力するよ。何かのタダ券でもいいぞ。それより「馬券売り場の誘致」を公約にしろよ。みんなに喜ばれるぞ。

中森　やはりお前とは距離を置いておいたほうがよさそうだ。

田代　どうせお前も、金もうけのためにやろうとしてるんじゃないか。

単語・表現

総選挙 총선거	バックにする 배경으로 하다	馬券売り場 마권 판매소
市議会議員 시의회의원	署名運動 서명운동	誘致 유치
立候補 입후보	いまひとつ 뭔지, 조금	公約 공약
代々続いた 대대로 이어진	訳の分からない 이상한	距離を置く 거리를 두다
名門 명문	組織 조직	
家柄 집안, 가문	資金集めのパーティー 자금 모금 파티	
地盤・看板・かばん 지역의 강한 지지·좋은 직함·돈	タダ券 무료권	

自由会話2

1. あなたは地方選挙の投票に行ったことがありますか。それからあなたの住む市、郡(特別市や広域市の場合は区)の長の名前を知っていますか。

2. 地方自治体の議会とは何をするところでしょうか。知っていることを話してください。

3. あなたの住む地区には、どんな問題がありますか。もしあなたが基礎自治体の長や議員に立候補するとすれば、どんなことを公約にしますか。

4. 資金集めのパーティーをするとしたら、どんな名目で、どのようにしますか。

5. 政治家とカネの問題について、どう考えますか。どうすれば、きれいな政治ができるようになるでしょうか。

関連語句

- 選挙権 (せんきょけん) 선거권
- 被選挙権 (ひせんきょけん) 피선거권
- 有権者 (ゆうけんしゃ) 유권자
- 選挙運動 (せんきょうんどう) 선거운동
- 公示 (こうじ) 공시
- 公職選挙法 (こうしょくせんきょほう) 공직선거법
- 政策 (せいさく) 정책
- 草の根民主主義 (くさのねみんしゅしゅぎ) 대중(풀뿌리) 민주주의
- 運動員 (うんどういん) 운동원
- 選挙違反 (せんきょいはん) 선거 위반
- 投票所 (とうひょうじょ) 투표소
- 開票 (かいひょう) 개표
- 当選 (とうせん) 당선
- 落選 (らくせん) 낙선
- 元首 (げんしゅ) 원수
- 大統領府 (だいとうりょうふ) 대통령부
- 青瓦台 (せいがだい) 청와대
- 首相官邸 (しゅしょうかんてい) 수상관저
- 内閣官房長官 (ないかくかんぼうちょうかん) 내각 관방 장관
- ホワイトハウス 백악관
- 党総裁 (とうそうさい) 당 총재
- 与党 (よとう) 여당
- 野党 (やとう) 야당
- 保守 (ほしゅ) 보수
- 革新 (かくしん) 혁신
- 連立政権 (れんりつせいけん) 연립내각
- 三権分立 (さんけんぶんりつ) 삼권 분립
- 司法 (しほう) 사법
- 立法 (りっぽう) 입법
- 行政 (ぎょうせい) 행정
- 汚職 (おしょく) 부정
- 賄賂／袖の下 (わいろ／そでのした) 뇌물
- 辞任 (じにん) 사임
- リコール 해직청구권; 유권자들의 청구에 의해 공직자를 해직시키는 제도
- 小選挙区制 (しょうせんきょくせい) 소선거구제
- 中選挙区制 (ちゅうせんきょくせい) 중선거구제
- 比例代表制 (ひれいだいひょうせい) 비례대표제
- 一院制 (いちいんせい) 1원제
- 二院制 (にいんせい) 2원제
- 衆議院 (しゅうぎいん) 중의원
- 参議院 (さんぎいん) 참의원
- 住民自治 (じゅうみんじち) 주민 자치
- 団体自治 (だんたいじち) 단체 자치

セクハラ・ストーカー

성희롱・스토커

　セクハラとはセクシャル・ハラスメントの略で、もともと職場を舞台にして起こるさまざまな性的いやがらせを概念化したものです。この概念は最初アメリカで作られたものですが、1989年に日本に入り、その年の流行語にまでなりました。それまでモヤモヤと女性たちが感じていたことが、市民権を得て一気に噴出してきたのかもしれません。従来は社交辞令や何でもないと思われていた言動、男女の役割分担や価値観を表現することが、相手にとっては不快でセクハラとみなされるケースもあります。自分では意図していなくても無意識のうちにセクハラの加害者になってしまう可能性があるのです。

　またセクハラやストーカーなどの性犯罪は恋愛と紙一重とも言われます。つまり好きな人からされれば「うれしい！」と感じる行為が、嫌いな人から同じことをされればセクハラ・ストーカーとなるからです。

　まだ歴史の浅いセクハラ・ストーカー問題について考えてみる機会と時間を持つことが必要です。

번역

　성희롱이란 원래 직장을 무대로 일어나는 여러 가지 짓궂은 성적 언행을 개념화한 것입니다. 이 개념은 처음 미국에서 만들어졌는데 1989년에 일본에 들어와서 그 해 유행어가 되었습니다. 그때까지 여성들이 어렴풋이 느꼈던 것이 시민권을 얻어 일시에 분출한 것일지도 모릅니다. 종전에는 사교적인 인사말이었거나 아무렇지도 않게 생각되었던 언행 혹은 남녀의 역할 분담이나 가치관을 표현하는 일이 상대에게 불쾌감을 주고 성희롱으로 간주되는 경우도 있습니다. 자신은 의도하지 않았어도 무의식중에 성희롱의 가해자가 될 가능성이 있는 것입니다.

　또 성희롱이나 스토커 등의 성범죄는 연애와 종이 한 장 차이라고도 합니다. 즉 같은 행위라도 좋아하는 사람이 한다면 기쁘다고 느끼는 반면 싫어하는 사람이 한다면 성희롱・스토커가 되기 때문입니다.

　아직 역사가 짧은 성희롱・스토커 문제에 대해서 생각해 볼 기회와 시간을 가질 필요가 있을 것입니다.

会話1 社内で／吉田正吉と大野早苗（社長と社員）

社長、いい加減にしてください

吉田　あれ？ さなちゃん、まだいたの？ 新入社員が頑張るねー。
　　　（足を触る）

大野　ちょっと社長……。

吉田　ねえ、パンストはいてるの？ 女性はね、パンストよくない
　　　んだよ。中が蒸れるからね。明日からナマ足で来なさい。
　　　分かったね？

大野　あの、私そろそろ失礼いたします。

吉田　さなちゃん、イタリアンでも食べに行かない？
　　　ごちそうするよ。

大野　結構です。

吉田　しかし、さなちゃんっていいお尻してるよね。
　　　キュッと締まってて桃みたいだもんな。（お尻を触る）
　　　彼氏いるの？

大野　社長、いい加減にしてください。

吉田　なあ、ここはわしのようなワンマン社長が取りしきる小さい
　　　会社だよ。君のクビなんかいつでも切れるんだよ。

大野　ひどすぎます。

吉田　あのねえ、世の中こんなものだよ。さっさと割り切って、ぼくと大人の付き合いしようよ。減るもんでもないし、ね？（胸を触る）

大野　触んないでよ！　変態！

単語・表現

新入社員　신입 사원	お尻　엉덩이	取りしきる　혼자 도맡아 하다
触る　만지다	キュッと　꽉	クビを切る　해고하다
パンスト（＝パンティストッキング）　팬티 스타킹	締まる　단단히 졸아지다	割り切る　딱 잘라 결론짓다
	いい加減にする　그만하다	触んないで（＝触らないで）　만지지 마
蒸れる　땀이 나고 화끈거리다	わし　나	変態　변태
ナマ足　맨다리	ワンマン　원맨, 한 사람만의	

15 セクハラ・ストーカー

自由会話1

1. セクハラにはどのようなものがあるでしょうか。自分が体験したことや聞いたことなどをもとにして話してみましょう。

2. 職場以外では、どのような所でどのようなセクハラが起こりうるでしょうか。

3. 大野早苗はこの後どうなったか考えてみましょう。

4. あなたが上司からセクハラを受けたら、どのように対処しますか。男性が女性の上司にセクハラを受けるという状況も考えてみましょう。

5. セクハラを意識しすぎるあまり、髪型をほめることも肩を叩くこともできなくなったという話があります。どこからがセクハラになるのか、境界線を考えてみましょう。

会話2 交番で／警察官と山下かほり

24時間監視されているような感じがして

警察官　ストーカー被害にあって、半年ですか。
　　　　相手の男性と面識は？

山下　　ええ。それが以前お付き合いしていた人なんです。

警察官　なるほど。となると、別れたにも関わらず、つきまとってるんですね。

山下　　はい、別れ話を切り出したとたん豹変して。

警察官　で、そのストーカー行為というのは、具体的にどんなことを？

山下　　イタズラ電話は毎晩ですし、待ち伏せして後をつけてきたり、口では言えないようなものがポストに入っていたり。それに、24時間監視されているような感じがして。

警察官　どこからかのぞかれているとか？

山下　　よく分かりません。部屋で着替えていると、彼から電話がかかってきて、下着の色とかをピタリと当てるので、気持ち悪くて。

警察官　彼からもらったものとか部屋に置いてありませんか。

山下　　ええと……。そういえば昔、彼にもらったテレビをそのまま使ってます。

警察官　それだな。隠しカメラがないか調べてみましょう。

単語・表現

交番　파출소	切り出す　말을 꺼내다	のぞく　들여다보다
ストーカー　스토커	豹変する　돌변하다	着替える　(옷을) 갈아입다
被害にあう　피해를 입다	イタズラ電話　장난 전화	ピタリ　딱, 잘 맞거나 들어맞는 모양
面識　면식, 안면	待ち伏せ　매복해서 기다리다	当てる　맞히다
～にも関わらず　~임에도 불구하고	後をつける　미행하다	隠しカメラ　몰래 카메라
つきまとう　항상 따라다니다	ポスト　우체통	
別れ話　이별 이야기	監視する　감시하다	

自由会話2

1. イタズラ電話をしたりされたりした経験がありますか。それについて話してください。

2. ストーカー行為にはどのようなものがあると思いますか。また、ストーカー絡みの事件について話し合ってみましょう。

3. 有名人や芸能人のあとを追いかける「追っかけ」とストーカーには、どんな違いがあるでしょうか。それとも同じでしょうか。話し合ってみましょう。

4. 好きな人について知りたいというのは、ある意味、自然な恋愛表現ではないかと思います。どの程度までなら許されると思いますか。

5. どの程度までいったら、ストーカーの被害として警察や相談所などに訴えると思いますか。その基準は何ですか。話し合ってみましょう。

関連語句

- キャンパスセクハラ 캠퍼스 성희롱
- 対価型セクハラ 대가형 성희롱
- 環境型セクハラ 환경형 성희롱
- 逆セクハラ 여자가 남자에게 하는 성희롱
- 一次被害 1차 피해
- 二次被害 2차 피해
- 人権侵害 인권 침해
- 性差別 성차별
- 女性蔑視 여성 멸시
- ジェンダー 사회적, 문화적으로 형성된 남녀 차이
- フェミニズム 페미니즘
- フェミニスト 페미니스트
- いやらしい 야하다, 외설되다, 추잡하다
- エッチだ 야하다
- 猥談 음담, 음란한 이야기
- 職権濫用 직권 남용
- 改正男女雇用機会均等法 개정 남녀고용기회균등법
- 性の軽視 성의 경시
- 暴言 폭언
- 護身術 호신술
- カウンセリング 카운셀링
- 治療 치료

- トラウマ 트라우마, 심리적 외상
- 追跡型ストーキング 추적형 스토킹
- 怨恨型ストーキング 원한형 스토킹
- 同性愛型ストーキング 동성애형 스토킹
- 略奪型ストーキング 약탈형 스토킹
- 集団ストーキング 집단 스토킹
- ネットストーカー 인터넷 스토커
- 尾行 미행
- わいせつ 외설
- いやがらせ 일부러 남이 싫어하는 짓을 굳이 함
- 小型カメラ 소형 카메라
- 盗撮／隠し撮り 몰래 찍음
- 盗聴器 도청기
- ストーカー規制法 스토커 규제법
- 無言電話 무언 전화
- ビラまき 전단지를 뿌림
- 中傷 중상
- トランシーバー 트랜시버, 휴대용 무선 송신기
- 通報 신고
- 親告罪 친고죄
- 精神的苦痛 정신적 고통
- 強要する 강요하다

環境汚染

환경오염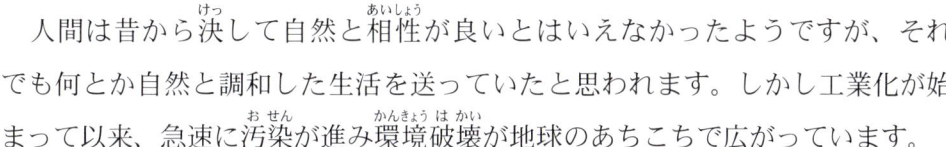

16

　人間は昔から決して自然と相性が良いとはいえなかったようですが、それでも何とか自然と調和した生活を送っていたと思われます。しかし工業化が始まって以来、急速に汚染が進み環境破壊が地球のあちこちで広がっています。

　一般の家庭から出されるごみ、また下水や排気ガスなどが環境汚染の一因になっているのは言うまでもありませんが、そのほかにも国の政策や地方自治体の行政、民間企業の開発事業などさまざまな原因が、地球の環境を壊すことに関わっています。森林の乱伐による自然破壊、水質汚染、大気汚染、土壌汚染などは公害という大きな問題にまでいたらなくても、結局のところ、それらはすべてわたしたち人間一人一人に返ってくるのです。

　この課では、環境汚染について話し合ってみましょう。

번역

　인간은 결코 옛날부터 자연과 잘 맞았었다고 할 수는 없지만, 그래도 어떻든 자연과 조화된 생활을 보내 왔습니다. 그러나 공업화가 시작된 이래 급속히 오염이 진행되어 환경 파괴가 지구 이곳저곳에서 퍼져가고 있습니다.

　일반 가정에서 나오는 쓰레기, 하수나 배기가스 등이 환경오염의 한 요인이 되고 있는 것은 말할 나위도 없지만, 그 외에도 국가의 정책이나 지방 자치 단체의 행정, 민간기업의 개발 사업 등 여러 가지 요인이 환경 파괴와 관련이 있습니다. 삼림 남벌에 의한 자연 파괴, 수질 오염, 대기 오염, 토양 오염 등은 공해라는 큰 문제까지 이르지는 않더라도 결국 전부 우리 한 사람 한 사람에게 되돌아옵니다.

　이 과에서는 환경오염에 대해서 이야기해 봅시다.

会話1　大野の職場で／大野健二と市職員の菊池草太

会社のごみがいっぱいたまってるのに

大野　もしもし、会社のごみがいっぱいたまってるのに、どうして3日も取りに来ないんですか。

菊池　ああ、どうもすみません。
　　　実は、いま取りに行っても処理場に持っていけないんですよ。

大野　ええっ、どうしてですか。

菊池　処理場の周りの住民がごみの持ちこみに反対して、道をふさいでるので、処理場まで車が入れないんですよ。

大野　そうなんですか。それじゃあ、しょうがないですね。
　　　そうなると、しばらく会社のほうで保管しておくしかないですね。

菊池　すみませんが、お願いします。

大野　でも、そんなにはもちませんよ。いつごろ解決するんですか。

菊池　深刻なことですから、はっきりは分かりませんが、いま市長が住民の説得にあたっています。

大野　分かりました。じゃあ、この一件（いっけん）が解決したら会社まで連絡（れんらく）をお願いします。早く解決してくださいよ。

単語・表現

市職員　시 직원	ふさぐ　가로막다	市長　시장
たまる　쌓이다	保管する　보관하다	説得にあたる　설득에 임하다
処理場　처리장	もつ　어떤 상태가 유지되다	この一件　그 건
住民　주민	解決する　해결하다	連絡　연락
持ちこみ　가지고 들어옴	深刻だ　심각하다	

自由会話1

1. あなたの家では一週間に何回ぐらいごみを出していますか。

2. エコ商品を買ったことがありますか。それはどんなものでしたか。また、エコ商品にはどんなものがあるでしょうか。

3. 何かリサイクルをしているものがありますか。また、資源のリサイクルをもっと進めるには、どんな方法がありますか。

4. 最近、食べ残しなどのごみ処理の問題が深刻化しています。すべてのごみの量を少なくすることについて、良い考えはないでしょうか。

5. ごみ処理場の周りの住民がごみの持ちこみに反対するデモを行うことについてどう思いますか。また、市長の立場なら、どう対処するのが良いでしょうか。

会話2 　田舎で／福島忠則と裵恩敬(恋人)

思い出の場所が汚されちゃうのって

[久しぶりに帰省した福島が、裵恩敬に故郷を案内している。]

福島　ここが子どものころ遊んでた川原だよ。ああっ、でも……。

裵　　でも、何？　どうかしたの？

福島　何だか、ずいぶん水かさが減っちゃったなあ。
　　　それに、以前はこんな汚い川じゃなかったのに……。

裵　　ここで遅くまで泳いだり、タニシを取ったりしてたんでしょ？

福島　うん。本当に楽しかったんだ。水も透き通るほどきれいだったし。10年前に工場ができたって言ってたけど、そのせいなのかな。

裵　　何だか悲しいわよね。思い出の場所が汚されちゃうのって。

福島　でも、僕はまだいいほうなのかもしれないよ。

裵　　えっ。どうして？ きれいだった川が用水路みたいになってるのに。

福島　いまの子どもたちって、なかなか自然の中で遊ぶことなんてないだろう。自然のよさを身近な生活で知ってるだけ、僕のほうが幸せかもしれないよ。

裵　　それはそうかもね。いくら環境保護のことを言っても、どのくらい自然の恵みを受けているのか実感しないことには、難しいかもね。

福島　僕たちも、将来の子どものために美しい自然を残さなくちゃね。

単語・表現

帰省する 귀성하다	〜せい ~탓	自然の恵み 자연의 혜택
川原 강가의 모래밭	思い出の場所 추억의 장소	実感する 실감하다
水かさ 수량	汚される 더럽혀지다	〜なくちゃ(〜なければならない) ~하지 않으면 안 된다
減る 줄다	用水路 용수로	
タニシ 우렁이	身近 신변, 일상적	
透き通る 비쳐 보이다	環境保護 환경보호	

自由会話2

1. あなたの周りで、昔と比べて変わったことがありますか。

2. 環境を破壊しそうなものとして、どのようなものがありますか。

3. 環境を破壊しないために、ふだん何かしていることがありますか。また、どんなことができるでしょうか。

4. 環境保護のボランティア活動にはどんなものがありますか。また、するとしたら、どんなことをしますか。

5. 自然の中での生活と都会での生活とを比べて長所や短所を話してみましょう。若いとき、年を取ってから、子育てにおいてなど、いろいろな場合を考えてみてください。

関連語句

- 食品公害 식품 공해
- 薬品公害 약품 공해
- 交通公害 교통 공해
- 基地公害 기지 공해
- 騒音 소음
- 振動 진동
- 悪臭 악취
- 地盤沈下 지반 침수
- 地球温暖化 지구온난화
- 酸性雨 산성비
- 砂漠化 사막화
- 化学物質 화학 물질
- 有害物質 유해 물질
- 廃棄物処理 폐기물 처리
- 不法投棄 불법 투기
- ダイオキシン 다이옥신
- アスベスト 아스베스트
- 水銀濃度 수은 농도
- 発泡スチロール 스티로폴
- 合成洗剤 합성세제
- 代替フロンガス 대체 프론가스
- オゾン層 오존층

- 異常気象 이상기후
- 赤潮 적조
- 環境ホルモン 환경 호르몬
- ダム建設 댐 건설
- 埋め立て地 매립지
- 悪臭 악취
- 不衛生 비위생적
- 原子力発電所(原発) 원자력 발전소
- 放射線／放射能 방사선/방사능
- 資源の再利用(リサイクル) 자원의 재활용
- エコロジー 에콜로지, 생태학
- 環境保護 환경보호
- 自然保護団体 자연보호 단체
- 野生動物の保護 야생동물의 보호
- 国際環境NGO 국제환경 NGO
- 生態系 생태계
- 緑化運動 녹화 운동
- 風力エネルギー 풍력 에너지
- ソーラーシステム 태양열 시스템
- 太陽熱エネルギー 태양열 에너지
- 公害病 공해병

住宅

17

주택

　「衣食住」ということばが示すように、住宅は人間の生活基盤となる三要素の一つとして挙げられています。また、人間が定住生活を営むうえで非常に重要なもので、それだけ重みがあるわけです。事実、多くの人にとっては、住宅は人生で一番高価な買い物だといえるのではないでしょうか。

　しかし、一口に住宅といっても、木造アパートから高層アパート、そして庭つきの一戸建てまでと、いろいろあります。また、自分の住む家を買うために20年前後かけてローンの支払いをする人もあれば、転売してお金をもうけ、引っ越しを繰り返すことで次第に家を大きくしていくという人もあります。

　また最近では、都市と地方で土地の価格が違うため、老後は地方で田園生活を営もうという人たちも増えてきています。人生の多様化と共に、住宅も多様化していくのでしょう。

　この課では、住宅問題について、いろいろな角度から話し合ってみましょう。

번역

　'의식주'라는 말이 나타내는 것처럼, 주택은 인간의 생활 기반이 되는 3요소 중 하나에 들어갑니다. 또한 인간이 정착 생활을 하는 데 대단히 중요한 것으로, 그만큼 중요성이 있는 것입니다. 사실 많은 사람들에 있어서 주택은 인생에서 가장 비싼 물건이라고 말할 수 있을 것입니다.

　그러나 한 마디로 주택이라 해도 목조아파트에서 고층아파트, 정원이 딸린 단독주택까지 여러 가지가 있습니다. 그리고 자신이 살 집을 사기 위해 20년 정도 걸려서 주택 융자금을 갚는 사람도 있는가 하면 사다 놓은 집을 팔아서 돈을 벌고 이사를 반복함으로써 집을 키워 나가는 사람도 있습니다.

　그리고 최근에는 도시와 지방에서 땅 값이 다르기 때문에 노후에는 지방에서 전원 생활을 하려는 사람들도 늘어나고 있습니다. 인생의 다양화와 함께 주택도 다양화할 것입니다.

　이 과에서는 주택 문제에 대해서 여러 각도에서 서로 이야기해 봅시다.

会話 1　会社の事務室で／金田刈雄と福島忠則

今夜中に荷物をまとめておかないと……

金田　帰りにちょっと行こうか、一杯。

福島　いや、今日はまっすぐ帰らないと恩敬さんに叱られます。

金田　どうして？

福島　彼女と結婚して一緒に住むことになったので、明日引っ越しなんです。今夜中に荷物をまとめておかないと……。

金田　それは大変だな。
　　　でも、いいところに移るんだろう？

福島　はい、今までのアパートは1DKで狭かったんだけど、会社から近くて便利でした。

金田　それで、今度は広くなるわけだね？

福島　2LDKだから広くなるんだけど、遠くになるから通勤に時間がかかるんです。

金田　将来、子どもが生まれることも考えたら、街中より空気がきれいな方がいいよ。とにかく、おめでとう。

単語・表現

事務室 사무실	移る 옮기다	街中 시내
まっすぐ帰る 곧바로 돌아가다	1DK 방 하나와 다이닝 키친 룸	とにかく 하여간, 여하튼
叱る 꾸짖다	2LDK 방 두 개와 거실, 다이닝 키친 룸	
引っ越し 이사	通勤 통근	
まとめる 정리하다		

自由会話 1

1. あなたが住んでいる家はどんな家ですか。アパートなど家の種類と広さ、持ち家か借り家かなどを説明してください。

2. 韓国には、どんな種類の住宅がありますか。知っていることを話してください。

3. これまで何回引っ越しをしましたか。そしてその理由は？

4. マイホームを買う場合、その資金はどのようにして集めますか。あらましを説明してください。

5. 広い家に住むのがいいでしょうか。それとも、通勤や通学に便利な家に住むのがいいでしょうか。話し合ってください。

会話2

福島忠則のマンションで／福島正則・松子(夫婦)と忠則(息子)

こんな立派なマンションに住めるなんて

正則　新婚で、こんな立派なマンションに住めるなんて、昔はとても考えられなかったぞ。

忠則　でも世の中には、もっともっと広くて豪華なうちに住んでる人たちもいますよ。

正則　ぜいたくなことを言ってはいけない。これで十分だ。雨漏りしないし、日当たりもいいし。

松子　それに蛇口をひねれば、お湯は出るし、スイッチひとつで部屋は涼しくも暖かくもなるし。私は、ちょっと昼寝でもするわ。

忠則　ヨーロッパの映画を見ると、向こうの人はもっといい家に住んでるよ。

正則　それは歴史が違う。代々の蓄えが生きてるんだ。

忠則　いずれにしても、おれは親父のような一戸建てには住みたくないな。

正則　何と言っても、高温多湿の日本では木の家が一番なんだ。湿度に強く、心も安らぐ。それにお前も年をとれば、庭いじりが好きになるぞ。

単語・表現

新婚　신혼	日当たり　햇볕이 듦	親父　아버지
立派だ　훌륭하다	蛇口　수도꼭지	一戸建て　독채
豪華だ　호화롭다	ひねる　돌리다, 틀다	高温多湿　고온다습
ぜいたくなこと　배부른 소리	昼寝　낮잠	湿度　습도
十分だ　충분하다	代々の蓄え　대대로 쌓인 축적	安らぐ　편안해지다
雨漏り　비가 샘	いずれにしても　어쨌든	庭いじり　취미로 정원을 가꿈

自由会話2

1 一戸建てとアパートとどちらがいいですか。それぞれの長所と短所を話し合ってください。

2 日本は庭つき、アメリカはプールつきの住宅が好まれます。あなたはどんな住宅が好きですか。

3 豪華なうちといえば、どのようなうちを思い浮かべますか。いろいろ話してみましょう。

4 日本では3世代が一緒に住む住宅が出てきました。両親や祖父母と一緒に住むことについて、どのように考えますか。

5 韓国では最近、超豪華高層アパートが出現しています。一方では日当たりの悪い狭い家で我慢している人もいます。このような格差は縮めることはできないのでしょうか。

関連語句

- 木造住宅 목조 주택
- プレハブ住宅 조립식 주택
- 鉄骨造住宅 철골구조 주택
- 鉄筋コンクリート造住宅 철근콘크리트구조 주택
- 連立住宅 연립주택
- 多世帯住宅 다세대주택
- 長屋 칸을 막아서 여러 가구가 살 수 있도록 길게 만든 집
- 寮 기숙사
- 社宅 사택
- 公営住宅 공영주택
- 居間／リビングルーム 거실
- 食事室／ダイニング 다이닝룸, 식사하는 방
- 台所／キッチン 부엌
- 個室 개인용의 방
- 寝室 침실
- 子ども部屋 아이 방
- 地下室 지하실
- 洋室・和室 서양식 방・일본식 방
- 玄関 현관
- 廊下 복도
- 柱 기둥

- 壁 벽
- 借家 셋집
- 家賃 집세
- 敷金・礼金 보증금・사례금
- 家主／大家 집주인
- 分譲 분양
- 抽選 추첨
- 契約 계약
- 登記 등기
- 新築 신축
- 老朽 노후
- 間取り 방의 배치
- ～坪 ~평
- ～畳 다다미 한 장의 크기. 대충 2畳≒1坪
- 管理組合 관리조합
- 自治会 자치회
- 不動産屋 부동산 중개업자
- 頭金 (선불) 계약금
- 元金 원금
- 利子 이자
- 見晴らし 전망

いじめと学級崩壊

괴롭힘과 학급 붕괴

　子どもたちの社会が時代とともに急激に変化している背景から、教育の現場でも、生徒同士や生徒と教師の間で、お互いを信頼し何かを成し遂げるための意思疎通ができないという問題が出てきています。そんな状況で深刻化しているのが、いじめと学級崩壊の問題です。

　いじめとは、同じ集団の中で一方の者が他方の者や弱者にたいし、肉体的・精神的苦痛を与えることを指します。最近はいじめがエスカレートして犯罪にいたった事件も増えています。

　また、近頃では特に小学校などの現場で、授業中に子どもが席に座ってまともに教師の話を聞けずに騒いだり、適応力がなかったりと、学級自体が崩壊するという深刻な状況が現れています。

　今後、現代の子どもの教育を考える上で、いじめと学級崩壊の問題は無視できないものになるでしょう。

　この課では、これらの問題について話してみましょう。

번역

　아이들 사회가 시대와 더불어 급속히 변하고 있어서, 교육 현장에서도 같은 학생들 사이나 교사와 학생 사이에서 서로를 믿고 무엇인가를 이루기 위한 커뮤니케이션을 못 한다는 문제가 발생하고 있습니다. 그러한 상황에서 심각해지고 있는 것이 '괴롭힘'과 '학급 붕괴'의 문제입니다.

　괴롭힘이란, 같은 집단 속에서 한쪽 사람이 다른 쪽 사람이나 약한 사람에게 육체적 또는 정신적 고통을 주는 것을 말합니다. 최근에는 괴롭힘이 심해져서 범죄에 이른 사건도 늘고 있습니다.

　또 요즘은 특히 초등학교 등의 현장에서 수업 시간에 아이들이 자리에 앉아서 교사 말을 제대로 듣지 못하거나 적응력이 없어서 학급 자체가 붕괴하는 심각한 상황이 벌어지고 있습니다.

　앞으로 현대 아이들 교육을 생각하는 데 있어서 '괴롭힘'과 '학급 붕괴' 문제는 무시할 수가 없을 것입니다.

　이 과에서는 이러한 문제들에 대해서 이야기해 봅시다.

会話1

中学校の校舎裏で／いじめっ子3人(A・B・C)といじめられっ子(D)、教

誰かにチクったりしてねえだろな？

生徒A　おい、今日は約束の3万円、持って来ただろうな？

生徒B　まさか、持って来なかったってことは、ないよなあ？

生徒D　う、うん。実は……、持って来れなかったんだ。

生徒C　何だと？おれたちとの約束、今日は守るって言ったじゃねえか。

生徒D　でも……、やっぱり、そんな大金、親の財布から盗めないよ。

生徒B　おいおい。おれたちは盗めなんて一言も言ってねえぞ。ちょっと借りてくるってことだったよな？

生徒A　そうそう。おれたちは金がなくて困ってるから、親友のお前がおれたちに貸してくれるっていう話だったぜ。

生徒D　……。でもやっぱり、できないよ。もし親にばれたら……。

生徒C　だから、ばれないようにやればいいじゃんか。

教師　ちょっと、あなたたち。そこで何してるの。

生徒A　あっ。いいえ、何もしてませんよ。おい、行くぞ。

生徒C　お前、まさかこのこと、誰かにチクったりしてねえだろな？

生徒D　えっ。い、いや。し、してないよ。

生徒B　もしチクったりしてみろ。殺してやるからな。

生徒C　ちぇ、あの先公、今度痛めつけてやる。

単語・表現

校舎裏　학교 건물 뒤
いじめっ子　약한 아이를 괴롭히는 아이
来れる(＝来られる)　올 수 있다
おれたち　우리들
大金　큰돈

盗む　훔치다
一言　한 마디
借りる　빌리다
親友　친한 친구
貸してくれる　빌려 주다
ばれる　들통나다

チクる　고자질 하다
殺す　죽이다
先公　꼰대(학생들이 선생님을 부르는 속어)
痛めつける　혼내 주다

18 いじめと学級崩壊

自由会話1

1 もしあなたが生徒Dのように、お金を持って来いと脅されたら、どうしますか。

2 いじめられたことはありますか。もしくは、いじめたことはありますか。

3 いじめは何が原因で起こると思いますか。

4 もし誰かがいじめられていたら、そのときあなたはどうしますか。

5 いじめをなくす方法がないか、話し合ってみましょう。

会話2 　校長室で／教師と校長

もう限界です

教師　校長、もう限界です。この中学校でこれ以上働いていたら、前任の先生のように心の病になってしまいます。

校長　まあ、そう言わずにもう少し頑張ってよ。親もうるさいんだからさ。

教師　しかし、授業が行われているにもかかわらず、生徒は勝手に席を立って教室を出て行ったり、私語を慎まなかったりと、学級の機能が完全に停止した状態で、教壇に立つことはできません。

校長　そんなの日常茶飯事だよ。それに君も悪いんじゃないの？彼らを夢中にさせる授業をしていないってことでしょ。

教師　そうでしょうか。今朝なんて、学生の名前を呼んだだけで「話しかけんじゃねえよ！」って首根っこつかまれて……危うく殴られそうになったんですよ。授業中もコンパスを投げつけられましたし、廊下でも足を引っかけられました。これも教師の責任なのですか。

校長　そういう奴は放っておけばいいんだよ。関わりを持たないのが一番。

教師　私のような新任教師に、あのような荒れたクラスを任せるなんて、明らかに人員配置ミスです。

校長　あのねえ、君が友だち感覚で生徒に接するから、なめられちゃうんだよ。馴れ合いの末に秩序が乱れてるんだから、もっと厳しくしたらどう？とにかく年度が切り替わるまでは、何とかやってもらわないと。頼んだよ。

単語・表現

前任 전임	首根っこ 목덜미	荒れる 험악하다
私語を慎む 사담을 삼가다	危うく 잘못하면, 하마터면	人員配置 인원 배치
慎む 삼가다, 조심하다	投げつける 내던지다	なめる 깔보다, 얕보다
停止する 정지하다	足を引っかける 다리를 걸다	馴れ合い 서로 친함
教壇 교단	放っておく 내버려 두다	秩序 질서
日常茶飯事 일상다반사	関わりを持つ 관계를 갖다	乱れる 문란해지다
夢中にする 열중하게 하다	新任 신임	切り替わる 바뀌다

自由会話2

1. 学級崩壊についてどんなことを知っていますか。また、それが起きる原因には、どんなことがあるでしょうか。話し合ってみましょう。

2. 今日の学校教育の問題点は、どんな点にあると思いますか。この教師の立場も含めて考えてみましょう。

3. 学級崩壊したクラスの生徒と担任教師という立場でロールプレイをしてみましょう。

4. ロールプレイの結果をもとにして、学級崩壊したクラスを立て直す方法を考えてみましょう。

5. 理想の教育とは、どんなものでしょうか。学校や教師、保護者の役割なども考えて、話し合ってみましょう。

関連語句

- 弱い者いじめ 약자 괴롭힘
- 判官びいき 약자나 패자를 동정하는 심리
- けんか両成敗 싸운 양쪽을 벌하는 것
- 優等生／模範生 우등생/모범생
- 浮きこぼれ／吹きこぼれ 학원의 선행학습으로 학교 수업에 부족함이나 소외감을 느끼는 학생
- 不良 불량 학생
- 落ちこぼれ 학교 수업을 못 따라가는 학생
- 問題児 문제아
- 非行 비행
- クラスメート／同級生 동급생
- 集団生活 집단 생활
- 仲間はずれ 따돌림
- 吊し上げ 집단으로 강압적, 위압적 태도, 언행을 해서 상대를 위축시키는 것
- 恐喝／かつあげ 공갈, 협박
- 不登校 학교에 가지 않음
- 登校拒否 등교 거부
- 校内暴力 교내 폭력
- 体罰 체벌
- 愛のムチ 사랑의 매
- 不適応 부적응
- 自閉症 자폐증

- 高機能自閉症 고기능자폐증
- アスペルガー症候群 아스페르가 증후군
- 校則 교칙
- 道徳 도덕
- 権威 권위
- 学力低下 학력 저하
- つめこめ教育 주입식 교육
- ゆとり教育 학습자가 주입식의 초조감을 느끼지 않고 자신의 능력을 신장시키는 것을 목표로 하는 교육 이념
- スパルタ教育 스파르타 교육
- 教育格差 교육 격차
- 学力格差 학력 격차
- 学歴社会 학력 사회
- 受験競争 입시 경쟁
- LD(Learning Disorders, Learning Disabilities)／学習障害 학습 장애
- ADHD(Attention Deficit/Hyperactivity Disorder)／注意欠陥・多動性障害 주의력결핍 과다행동장애
- PTA 학부모와 교사들의 모임
- 過保護 과보호
- 放任 방임
- しつけ 예의범절을 가르침

少子高齢化

소자고령화

　日本も韓国も少子高齢化が急速に進んでいます。これは経済成長にともなって、生まれる子どもの数が少なくなり、老人は寿命が延びて死ぬ人の数が一時的に減ってきた社会現象なのです。昔は子どもを4、5人産むのは普通で、中には10人ぐらい産む人もいました。ところが、女性の社会進出につれて晩婚化、結婚しない女性が増え、平均出生率は次第に下がっています。

　一方、医療水準の改善で、老人の寿命が長くなりました。国連は、65歳以上の老人が人口の7％を超えると「高齢化社会」、14％を超えると「高齢社会」、21％を超えると「超高齢社会」という表現をしています。

　これでは働き盛りの人が減る中で社会保障費は増え、若い人がお年寄りを支えきれなくなり、年金制度も維持できなくなります。保育の充実など少子化対策にも取り組んでいますが、少子高齢化は依然として大きな課題となっています。

번역

　일본도 한국도 소자고령화가 급속히 진행되고 있습니다. 이것은 경제 성장과 함께 태어나는 아이의 수가 줄어들고, 노인은 수명이 늘어나 죽는 사람의 수가 일시적으로 줄어든 사회 현상입니다. 옛날에는 아이를 4, 5명 낳는 것은 보통이고, 그 중에 10명쯤 낳는 사람도 있었습니다. 그런데 여성의 사회 진출에 따라 늦게 결혼하거나, 결혼하지 않는 여성이 늘어나고, 평균 출생률은 점차 낮아지고 있습니다.
　한편, 의료 수준의 개선으로 노인의 수명이 길어지게 되었습니다. 국제연합은 65세 이상의 노인이 인구의 7%를 넘으면 '고령화사회', 14%를 넘으면 '고령사회', 21%를 넘으면 '초고령사회'라는 표현을 씁니다.
　이렇게 되면 한참 일할 나이의 사람이 줄어드는 가운데 사회보장비는 늘어나고, 젊은 사람이 노인을 지탱할 수 없게 되어 연금제도도 유지할 수 없게 됩니다. 보육의 충실 등 소자화 대책에도 힘을 쓰고 있지만, 소자고령화는 여전히 큰 과제가 되고 있습니다.

会話1　同窓会場で／3児の母親・青木玲子と未婚女性・白鳥京子(同級生)

私は子育てでもうヘトヘトよ

青木　あらっ、京子じゃない。相変わらず素敵ね。まるで独身みたい。

白鳥　だって、私、独身だもの。
　　　これでも、コンサルティング会社、経営してるのよ。

青木　へえ、社長さんなんだ。私は子育てでもうヘトヘトよ。

白鳥　お子さん、何人なの。

青木　3人よ。

白鳥　3人？　最近、珍しいんじゃない？　大変でしょう。

青木　ええ、おけいこごとに塾でしょう。経済的にはかなり苦しいわよ。もちろん児童手当とかもらってるんだけど、とてもとても足りなくて。

白鳥　だから、私は結婚しないの。夫とか子どもとか、そんなものにしばられたくないの。

青木　でも、母親として子どもが成長していく姿を見ているのは頼もしいものよ。

白鳥　そうなの。でも、私にはまだまだしなくちゃならないことがいっぱいあるの。

単語・表現

相変わらず 변함없이, 여전히	子育て 육아	足りない 부족하다
素敵だ 멋지다	ヘトヘト 녹초가 됨	しばる 속박하다
独身 독신	塾 학원	成長する 성장하다
コンサルティング 컨설팅	苦しい 어렵다	姿 모습
経営する 경영하다	児童手当 아동 수당	頼もしい 믿음직하다

自由会話1

1. あなたは何人兄弟ですか。兄弟が多い場合と少ない場合の長所と短所を話してみましょう。

2. 子どもは何人ぐらい欲しいですか。それはなぜですか。

3. 夫や子どもなどにしばられたくないという考え方について、どう思いますか。

4. 少子化の原因として、どのようなことが考えられるでしょうか。

5. 安心して子どもを産んで育てられる社会にするためには、どうしたらよいでしょうか。

会話2 居酒屋で／平野和彦と菊池草太(近所同士)

探せば何かありませんかね

平野　ええ、私も年金をもらってますよ。でもね、充分じゃありませんね。若いときから働きづめだった老人たちが、せめて老後ぐらい生活に不安がないような社会の仕組みにしてほしいね。

菊池　それは申し訳ありません。でも私たち世代の年金負担もそろそろ限界なんですよ。家族の生活もあります。そのうえ、もうじき40歳になるので介護保険の負担も始まるし……。

平野　おいおい、何か他人のためにいやいややっているように聞こえるけど、結局は自分のためなんだよ。で、年金を増やせないなら、おれたち働きたいんだ。だけど、働く所がないんだよ。

菊池　探せば何かありませんかね。

平野　それがないんだよ。工場は外国に持っていく。おまけに外国人労働者をどんどん入れておいて、おれたち老人は、「もう用済みです」ってぽい捨てなんだ。

菊池　それはそうですね。お年寄りって、一口に言っても、まだ働きたい人たちが大勢いるはずですね。お年寄りに向いた仕事も見つければあると思います。政府も企業も、そこのところを考えるべきですね。

平野　ずいぶんうれしいこと言ってくれるね。気に入った。よし一杯やろう。おやじ、熱かん1本！

単語・表現

働きづめ　오랫동안 계속해서 일함	介護保険　노인수발보험	ぽい捨て　휙 버림
仕組み　구조	いやいや　어쩔 수 없이	お年寄り　노인
申し訳ない　미안하다	おまけに　게다가	向く　적합하다
世代　세대	外国人労働者　외국인 노동자	おやじ　가게의 남자 주인
負担　부담	どんどん　잇달아, 계속해서	熱かん　따뜻하게 데운 술
限界　한계	用済み　필요 없게 됨	

自由会話2

1. あなたは定年や引退後、そして老後に、どのような生活をしたいですか。

2. 定年や引退後にもまだ働きたい、社会に参加したいという人たちがたくさんいます。このような人たちの願いをかなえるにはどうしたらよいでしょうか。

3. 自分が寝たきりになった場合、誰にどのような介護をしてもらいたいと思いますか。

4. 老人の生きがいとは、どんなことでしょう。話し合ってください。

5. 老人が生き生きと楽しく暮らせる社会とは、どんな社会でしょうか。話し合ってください。

関連語句

- 出産抑制 (しゅっさんよくせい) 출산 억제
- 産児制限 (さんじせいげん) 산아 제한
- 出産奨励 (しゅっさんしょうれい) 출산 장려
- 出産支援 (しゅっさんしえん) 출산 지원
- 産み分け (うみわけ) 희망하는 성별로 아이를 낳는 것
- 出産忌避 (しゅっさんきひ) 출산 기피
- 避妊 (ひにん) 피임
- 人工中絶 (じんこうちゅうぜつ) 임신 중절
- ベビーブーム 베이비 붐
- 団塊の世代 (だんかいのせだい) 제2차 세계대전 직후 일본에서 제1차 베이비 붐으로 태어난 세대
- 育児 (いくじ) 육아
- 出産休暇 (しゅっさんきゅうか) 출산 휴가
- 育児休暇 (いくじきゅうか) 육아 휴가
- 老人会 (ろうじんかい) 노인회
- 碁会所 (ごかいじょ) 기원
- ゲートボール 게이트볼
- グランドゴルフ 그라운드 골프(게이트볼에 이어서 유행하기 시작한 노인 취향의 미니 골프)

- 老化予防 (ろうかよぼう) 노화 예방
- 老人医療 (ろうじんいりょう) 노인 의료
- 介護者 (かいごしゃ) 시중드는 사람
- 介護機器 (かいごきき) 시중드는 데 필요한 기기
- 認知症／痴呆 (にんちしょう／ちほう) 치매
- 独居老人 (どっきょろうじん) 독거노인
- 孤独死 (こどくし) 고독사; 외롭게 홀로 죽는 죽음
- 社会保障 (しゃかいほしょう) 사회 보장
- 国民年金 (こくみんねんきん) 국민 연금
- 厚生年金 (こうせいねんきん) 후생 연금
- 社会福祉 (しゃかいふくし) 사회 복지
- 特別養護老人ホーム (とくべつようごろうじんホーム) 특별 양로원
- 低床バス (ていしょうバス) 저상버스; 승강장 계단의 높이를 낮추거나 없애서 타고 내릴 수 있도록 한 버스
- 介護保険 (かいごほけん) 수발보험; 치매나 중풍 등 거동할 수 없는 노인을 사회보험의 구조에서 사회 전체가 수발하는 제도
- ユニバーサル・デザイン 유니버설 디자인; 남녀노소, 장애·능력에 관계없이 누구나 이용할 수 있도록 시설·제품·정보 등을 설계하는 것

安楽死・尊厳死

안락사・존엄사

　医学の進歩によって、私たちは多くの恩恵を受けています。幼児死亡率の低下や伝染病の予防などなど。しかし、医学の進歩は今までになかった問題を私たちに投げかけてもいます。その一つが安楽死と尊厳死です。
　安楽死とは「苦しい生、意味のない生から患者を解放するという目的のもとに、意図的に達成された死、ないしその目的を達成するために意図的に行われる『死なせる』行為」と定義されます。また尊厳死を定義すると「人間としての尊厳を保って死に至ること、つまり、単に『生きた物』としてではなく、『人間として』遇されて、『人間として』死に至ること、ないしそのようにして達成された死」となります。
　つまり、私たちが死を考える際、全ての死は「尊厳ある死」であるべきなのです。私たちがいかに生きるかを考える上でも、死に対して真摯な態度でのぞまなければなりません。「安楽死」や「尊厳死」について話し合ってみましょう。

번역

　의학의 진보로 인하여 우리는 많은 혜택을 누리고 있습니다. 유아 사망률 감소나 전염병 예방 등등. 그러나 의학의 진보는 지금까지 없었던 문제를 던지고 있습니다. 그 중 하나가 안락사・존엄사입니다.
　안락사란 우리에게 "괴로운 삶이나 의미없는 삶에서 환자를 해방한다는 목적하에 의도적으로 달성된 죽음, 또는 그 목적을 달성하기 위해 의도적으로 행해지는 죽이는 행위"라고 정의됩니다. 또한 존엄사를 정의하면 "인간으로서의 존엄성을 유지하고 죽음에 이르는 것, 즉 단순히 생물로서가 아니라 인간으로서 대우를 받고 인간으로서 죽음에 이르는 것, 또는 그렇게 해서 달성된 죽음"입니다.
　즉 우리가 죽음을 생각할 때 모든 죽음은 '존엄성 있는 죽음'이어야 합니다. 우리들이 어떻게 살아갈 것인가를 생각하는 데 있어서도 죽음에 대해서 진지한 태도로 임해야 합니다. 안락사나 존엄사에 대해서 이야기해 봅시다.

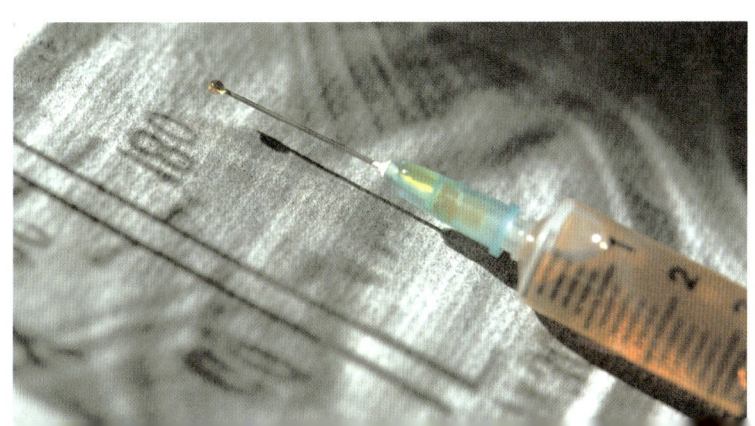

会話1　自宅の居間で／菊池草太と菊池亜矢子(夫婦)

安楽死も考えてるそうなの

亜矢子　平野(ひらの)さんのところ、お父さんガンなんですって。

草太　平野さんのお父さんじゃ、もう相当(そうとう)な年(とし)だろう。

亜矢子　70ぐらいかしら。
　　　　この間までは、ずいぶんかくしゃくとしていたんだけど。

草太　で、どうなの。

亜矢子　末期(まっき)なんですって。
　　　　でも年だから、進度(しんど)はそれほど速くないらしいの。

草太　それはよかった。

亜矢子　それが、そうでもないらしいのよ。看護(かんご)する側も大変だし、ガンの治療(ちりょう)も、お年寄りには苦痛(くつう)なんですって。

草太　最近は、ホスピスとかが整(ととの)っているんだろう。

亜矢子　それはそうだけど……。安楽死も考えてるそうなの。

草太　安楽死だなんて。外聞(がいぶん)もあるし……。

亜矢子　だけど、苦痛に耐えているお父さんを毎日見てるのも
　　　　つらいって。

草太　　う〜ん。難しい問題だなあ。

単語・表現

〜のところ　~네(집)	看護する　간호하다	整う　갖추어지다
ガン　암	治療　치료	外聞　세상 소문
相当な年　상당한 나이	苦痛　고통	耐える　견디다
かくしゃく　늙어도 기력이 정정함	ホスピス　호스피스, 말기 환자를 주로 수용하는 소규모 병원	
進度　진도		

自由会話1

1 身近で安楽死が話題になったことがありますか。患者、家族、それぞれの立場で安楽死について考えてみましょう。

➡ 苦痛（くつう）、希望（きぼう）、生活費、世間体（せけんてい）、介護など

2 「安楽死だなんて。外聞もあるし……」とはどういう意味か考えてみましょう。

3 ホスピスについて知っていることがありますか。知っていることについて話してください。

4 完治の見込みがない入院は、本人にも家族にも大きな負担になるといいます。皆さんの聞いた話や経験談があったら話してください。

5 宗教や信条によっては治療や安楽死を罪悪と考えたりします。宗教・信条と治療について話してみましょう。

会話2

病室で／大野健二と大野康江それに医者(患者の両親と医者)

生命維持装置を外すことをおすすめします

医者　診断結果から申し上げますと、患者様は脳死状態です。

健二　つまり、どういうことなんでしょうか。
　　　娘は、明子は、治るんでしょうか。

医者　見た通り、身体は生きています。しかし脳は停止しています。

康江　でも、こんなにすやすや眠っているじゃありませんか。

医者　すでに意識はありません。正確に言うと、眠っているわけでもないのです。夢を見ることもありません。二度と目覚めることはないのです。

健二　それで、先生は私たちにどうしろと？

医者　申し上げにくいのですが、回復の可能性はありません。生命維持装置を外すことをおすすめします。

康江　そんな。そんなことしたら、死んでしまうじゃありませんか。

医者　医学的にはすでに亡くなっておいでです。

康江　そんな、ひどい。明子が死んだだなんて……。

健二　よさないか。（沈黙）

医者　それでは、スイッチを切ってもよろしいですね。

健二　ま、待ってください。スイッチは、私が切ってやってもよいのでしょうか。

医者　おすすめはできませんが、ご希望とあれば……。

康江　あなた、やめてください。そんな残酷なこと。

単語・表現

診断　진단	〜わけでもない　〜것도 아니다	亡くなる　죽다, 돌아가시다
脳死　뇌사	夢を見る　꿈을 꾸다	ひどい　심하다
治る　낫다, 치료되다	目覚める　눈 뜨다	沈黙　침묵
身体　신체	回復　회복	スイッチ　스위치
停止する　정지하다	生命維持装置　생명유지장치	希望　희망
すやすや　새근새근	外す　떼어내다	残酷だ　잔혹하다
意識　의식	すすめる　권하다	

自由会話2

1. 身近で死を体験したことがありますか。死について考えてみましょう。

2. 脳死や植物人間について知っていることがありますか。

3. 医者は患者の家族にどのように接するべきだと思いますか。

4. あなたが不治の病や脳死状態になったとしたら、安楽死や尊厳死を望むと思いますか。

5. あなたは愛する人の生命維持装置のスイッチを切ることができると思いますか、できないと思いますか。また、それはなぜですか。

関連語句

- **積極的安楽死**
  약을 투여하는 등의 적극적 안락사

- **消極的安楽死**
  치료를 중지하는 등의 소극적 안락사

- **自発的安楽死**
  환자 본인의 의사에 따른 안락사

- **非自発的安楽死**
  환자 본인의 대응 능력이 없는 경우의 안락사

- **反自発的安楽死**
  환자 본인의 대응 능력은 있지만 의사를 묻지 않거나 의사에 반해서 여생을 단축하는 경우

- **緩和死**
  괴로운 삶, 의미없는 삶에서 환자를 해방시키려는 행위가 얼마간의 환자의 여생을 단축하는 경우

- **自然死** 자연사

- **自己決定権** 자기 결정권

- **自殺幇助** 자살 방조

- **昏睡状態** 혼수 상태

- **植物状態** 식물 상태

- **末期医療** 말기 치료

- **延命医療**
  연명 치료, 죽기 직전까지 치료를 계속하는 것

- **緩和医療／緩和ケア**
  안환자를 치료할 때 치유의 목적뿐만 아니라 모르핀으로 통증을 완화하는 등의 치료

- **霊的ケア**
  정신적·사회적인 원조를 하며 환자가 죽음을 맞이할 때까지 살아 있는 것에 의미를 찾게 하는 치료

- **ターミナル・ケア／終末期医療**
  치유의 가능성이 없는 말기 환자에 대한 신체적·심리적·사회적·종교적 측면을 포괄한 치료. 연명의 치료보다 신체적 고통이나 죽음의 공포를 줄이거나 남은 인생을 충실하게 하는 것을 중시

- **ホスピス** 호스피스

- **インフォームド・コンセント**
  의사가 환자에게 진료의 목적·내용을 충분히 설명해서 환자의 납득을 얻어서 치료하는 것

- **パターナリズム**
  정치·경제·고용 관계 등에서 성립하고 있는 부자간과 같은 보호·지배의 관계. 부친적 온정 주의

- **リビング・ウィル(生前の意思表示)**
  생전의 의사 표시로 존엄사를 희망하는 유언서

- **病名告知** 병명 고지

- **医療行為** 의료 행위

- **臓器移植** 장기 이식

- **死の権利** 죽음의 권리

- **患者の権利** 환자의 권리

- **生命倫理学** 생명윤리학

> 番外編

クローン人間

> 복제 인간

　人間の創造は永遠なる生命と同様、人間の見果てぬ夢でありましたが、クローン技術によって現実味を帯びてきました。われわれが日常的にクローン人間に出会うようになるのも、もはや遠い未来の話ではなさそうです。

　通常、人間は両親の遺伝子情報を受け継いで生まれます。しかし、クローン人間の場合は、ある特定の一人の遺伝子情報だけを受け継いで生まれます。

　現在多くの国で人間レベルでのクローンを禁止しているのは、人間の尊厳を守る立場からです。生命の誕生および進化については、すでに多様な方面からメスが入れられています。ただ、われわれ人間自身に対しては、その神聖性を侵犯してはならないという倫理観や宗教観が、クローン技術の反対側に存在します。しかし、実際には不妊に対する一つの手段として人間レベルのクローン技術に力が注がれており、世界各国で議論が起こっています。

　みなさんはクローンについてどう認識していますか。話し合ってみましょう。

> 번역

　인간의 창조는 영원한 생명과 함께 인간의 요원한 꿈이었지만, 복제 기술에 의해서 현실미를 띠게 되었습니다. 우리가 일상적으로 복제 인간을 만나게 되는 것도 이젠 먼 미래의 이야기는 아닌 것 같습니다.

　보통 인간은 부모의 유전자 정보를 계승해 태어납니다. 그러나 복제 인간의 경우는 어느 특정 한 사람의 유전자 정보만을 계승해 태어납니다.

　현재 많은 나라에서 인간 수준의 복제를 금지하고 있는 것은 '인간의 존엄'을 지키려는 입장에서입니다. 생명의 탄생 및 진화에 대해서는 이미 여러 방면에서 해석되고 있습니다. 다만 우리 인간 자신에 대해서는 그 신성성을 침범해서는 안 된다고 하는 윤리관이나 종교관이 복제 기술의 반대측에 존재합니다. 그러나 실제로는 불임에 대한 하나의 수단으로서 인간 수준의 복제 기술에 주력하고 있으며, 세계 각국에서 논쟁이 일어나고 있습니다.

　여러분은 복제에 관해서 어떻게 인식하십니까? 이야기해 봅시다.

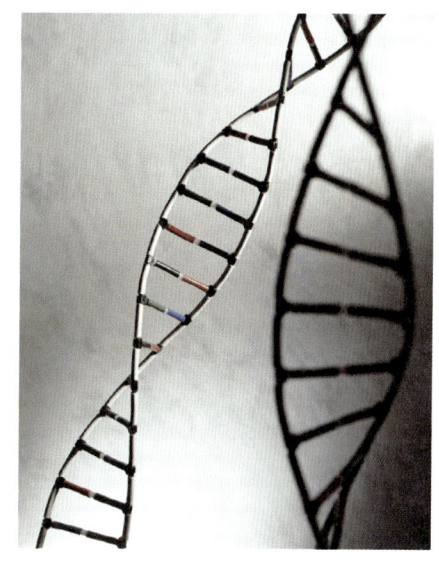

会話1　ある研究所で／医者とマリーの両親

お嬢さんの細胞から生まれたものです

[クローン人間のマリーが誕生する。]

医者　　どうですか。亡くなられたお嬢さんにそっくりでしょう。

母親　　ああ、マリーが、本当にマリーが生き返ったんですね。
　　　　先生、本当にマリーなんでしょう？

医者　　ええ、お嬢さんの細胞から生まれたものです。
　　　　ですから、お嬢さんと同じ遺伝子を有していますよ。

父親　　でも、娘のクローンを作ったことに世間は理解を示さない
　　　　でしょうね。

医者　　お子さんを亡くされた親の悲しみは理解できるでしょう。
　　　　お嬢さんのクローンは、何も不道徳なことではありませんよ。

父親　　しかし、実際のところ、クローンの娘に以前と変わらない愛
　　　　情を注げるかどうか、やっぱり不安なんです。

母親　　あ、先生。マリーが、マリーが目を覚ましましたよ。

医者　　さあ、マリー。ご両親がいらっしゃるよ。あいさつをなさい。

マリー　お……、おかあさん。おとうさん。

父親　　……。

母親　　あなた、どうしたんですか。マリーが帰ってきたんですよ。

父親　　違う……。これは私のマリーじゃない。やっぱりクローンだ。

自由会話 1

1 あなたはクローン技術に肯定的ですか、それとも否定的ですか。

2 自分の子どもが亡くなったとして、クローンを作ることをどう思いますか。

3 自分のクローン人間ができたとしたらどう思いますか。

4 科学の進歩の長所と短所とは、どんなものでしょうか。

単語・表現

お嬢さん 영애, 따님	遺伝子 유전자	示す 보이다, 나타내다
そっくりだ 꼭 닮았다	有する 가지다, 소유하다	不道徳 부도덕
生き返る 되살아나다	クローン 클론	注ぐ 쏟다, 기울이다
細胞 세포	世間 세상, 세상 사람들	目を覚ます 깨다, 눈을 뜨다

会話2　学校で／クローン人間のマリーと同級生のジェシー

あんた、クローン人間なんだってね

ジェシー　ねえ。あんた、クローン人間なんだってね。

マリー　　何言ってんの。なんでそんな変なこと言うのよ。

ジェシー　あんたの本物（ほんもの）はね、4年前に交通事故で死んだって言ってたよ。

マリー　　そんなばかなこと、あるはずないでしょ？
　　　　　いままでこうやって生きてるじゃない。

ジェシー　このへんの人はみんな、あんたがクローンだって知ってるよ。
　　　　　クローンの人権（じんけん）を守る会なんてのがうるさいから、言わないだけよ。

マリー　　そんなの嘘（うそ）だよ。両親からは何にも聞いてないもん。
　　　　　ちゃんと親からは愛情を受けて育（そだ）ってるし。

ジェシー　そりゃ、親は言わないよ。あんたが死んだ娘の代わりだなんて言うわけないじゃん。

マリー　　ええ！そんなばかな……。

ジェシー　クローンが人間の真似（まね）して学校なんかに来ないでよね。

マリー　　じゃあ、私はいったい誰なの？　私は……。

自由会話 2

1 もしあなたがオリジナルの人間ではなく、クローン人間だったとしたらどうしますか。

2 実際、まわりにクローン人間がいたとしたらどう接しますか。

3 人間とクローン人間が共生できる方法があるでしょうか。

4 劣性遺伝子を除去したクローン人間は、人間の脅威となるでしょうか。

単語・表現

本物 진짜	守る 지키다	真似 흉내
交通事故 교통사고	嘘 거짓말	いったい 도대체
人権 인권	育つ 자라다	

会話3 クローン人間管理事務局で／クローン人間のマリーと管理局の職員

私にも人間と同様の人権を与えてください

マリー　私にも人間と同様の人権を与えてください。

職員　いや、クローンは人間が作り出したんだから、本当の人間ではないのだ。権利は与えられない。

マリー　私たちも人間の体から産まれたもうひとりの人間ではないですか。同じ生き物なんですよ。

職員　根本的に違うんだ。人間は神から生を受けた神聖な生き物だが、クローンはただ人間から命を与えられた、臓器提供用の生き物に過ぎない。

マリー　人間は肉体間の性交によって生まれるが、クローンは試験管で生まれるだけだと主張したのは人間ですよ。
あなたたちが私を作り出したのです。

職員　作ったのも人間なのだから、消す自由も人間のものなんだよ。

マリー　たとえ不完全であっても、クローンにも人間の心はあるんです。

職員　人間の存在を脅かすようなクローンは処理しなければならないな。

マリー　もし私たちを意味もなく生かしたり殺したりするようならば、人間の身勝手な行動は許せない。私たちの自由のために断固として立ち上がります。

自由会話 3

1. クローン人間にも人権はあると思いますか。

2. 将来、臓器提供用のクローンを作ることができるとしたら、あなたは作りますか。その理由は？

3. クローン人間の存在価値とは何でしょうか。法律や宗教などの面から考えてみましょう。

4. クローン人間が人間と対立した場合、あなたはどのような行動を取りますか。

単語・表現

権利 권리	肉体的 육체적	処理する 처리하다
生き物 생물	性交 성교	生かす 살리다
根本的 근본적	試験管 시험관	身勝手だ 염치없다
神 신	消す 없애다	許す 용서하다, 허락하다
神聖だ 신성하다	不完全だ 불완전하다	断固として 단호하게
臓器提供用 장기 제공용	脅かす 위협하다	立ち上がる 일어서다, 나서다

関連語句

- バイオテクノロジー 바이오테크놀리지
- 遺伝子組み換え食品 유전자 재조합 식품
- 非人道的 비인도적
- 人間の尊厳 인간의 존엄
- 自己同一性 자기동일성
- 自我形成 자아 형성
- 障害 장애
- 差別 차별
- 偏見 편견
- 奴隷化 노예화
- 服従 복종

- 人間像 인간상
- 機械化 기계화
- 人体実験 인체 실험
- 超人為性 초인위성
- 自然の秩序 자연의 질서
- 偶然性 우연성
- 必然性 필연성
- 一卵性双生児 일란성 쌍둥이
- 人種差別 인종 차별
- 生物学 생물학

番外編

テロリズム

테러리즘

　テロリズムは一般的に「一定の政治目的を実現するために、暗殺・暴行などの手段の行使を肯定する主義、およびそれに基づく暴力の行使」と定義されます。しかし、単にテロリズムといっても、支配者集団が権力保持のために反権力集団に対して行使する場合と、被支配者や革命集団が権力支配転覆のため行使する場合とがあります。

　基本的にテロリズムが否定的イメージでとらえられるのは「恐怖や暴力による強制」である点であって、テロは民主主義の反対に位置するものと考えられています。しかし、テロの背景には選挙や国民投票といった民主的手段が整っていないという場合もあります。

　また、民主的社会の中においても、その社会の中に民族的、宗教的、経済的な差別を受ける少数者を抱えています。その少数者にとっては、自分達の願望を民主的手段で達成するのが容易でないということもあります。そこにもテロリズムを生み出す原因があるといえるでしょう。

번역

　테러리즘은 일반적으로 "일정한 정치적 목적을 실현하기 위해서 암살·폭행 등의 수단의 행사를 긍정하는 주의 및 거기에 따른 폭력 행사"라고 정의됩니다. 그런데 단순히 테러리즘이라고 해도 지배자 집단이 권력 유지를 위하여 반권력 집단에 대해 행사하는 경우와 피지배자나 혁명 집단이 권력 지배 전복을 위하여 행사하는 경우가 있습니다.

　기본적으로 테러리즘이 부정적 이미지로 비추어지는 것은 '공포나 폭력에 의한 강제'라는 점이고, 테러리즘은 민주주의와 정반대에 위치하는 것으로 생각되고 있습니다. 그러나 테러리즘의 배경에는 선거나 국민 투표 같은 민주적 수단이 갖추어져 있지 않은 경우도 있습니다. 또 민주적 사회에서도 그 사회 속에 민족적·종교적·경제적 차별을 받는 소수자가 있습니다. 그 소수자는 자기들이 원하는 바를 민주적 수단으로 달성하기가 쉽지 않습니다. 거기에도 테러리즘을 낳는 원인이 있다고 할 수 있습니다.

クララ島

- 17世紀、ヨーロッパの植民地に(旧教の布教)
- 第二次大戦後、国連信託統治領に(多くは新教に改宗)

● パサパサ

● ニュークララ

ペペロ島
- 旧教系クララ人が移民して独立
- 先住民族はチリチリ人

ペペロ島	チリチリを原住民とする島。第二次世界大戦後クララ人が入植して独立。クララ人とチリチリ人は、近いが異なる言語と神話を持つ。島の実権は移民してきたクララ族が握っているが、先住民族チリチリが全人口の60％を占める。
チリチリ人	ペペロの原住民。半農半漁の生活をしていた。ペペロ語をしゃべるが文字はなかった。

クララ人	ペペロ島の北西にあるクララ島からの移民。クララ島は早くから西洋文化と接触し、アルファベット文字の採用やキリスト教の受容等による西洋化の進展が著しい。ペペロへ移民したのはカトリック系の住民。現在のクララではプロテスタントが強い。
ペペロ政府	クララ人政府。法律により、参政権がクララ人に制限されている。
チリチリ解放同盟	チリチリ人による独立運動の一組織。最近過激化している。
リーダ	チリチリ解放同盟の指導者。
サブリ	リーダの助手
タタイ	解放同盟の一員。兄も党員だったが2年前に捕まり処刑された。
大統領	ペペロ島第2代大統領。初代大統領の娘。クララ系。
国家警察長官	治安維持の責任者。一族はクララ系の財閥。
ツーマ	タタイの妻。二人の間には一人息子のテテリがいる。

会話1

太平洋に浮かぶ島、ペペロ／リーダとサブリとタタイ

暗殺だって。それじゃテロじゃないか

リーダ　同志、タタイ。今日は大事な相談がある。

タタイ　大事な相談？

サブリ　実は独裁者カラチチに関することなの。

タタイ　カラチチがまた何かやるという情報でも……。

リーダ　いや、そうではない。実は、我々チリチリ族を搾取する独裁者であり、クララ族の長であるカラチチを暗殺しようと思うのだ。

タタイ　暗殺だって。それじゃテロじゃないか。

サブリ　いえ、そうではありません。カラチチは我々チリチリ族の聖地であるパサパサの地に外国資本を導入して工場を作るのよ。

リーダ　そうだ。「聖地を荒らすものには死を」。それがチリチリの掟だ。

タタイ　だけど、カラチチを暗殺すれば全てが解決するというわけではあるまい。第二のカラチチが現れるだけでは……。

サブリ　何を言ってるの、タタイ。あなたのお兄さんも、カラチチの国家警察の手にかかって処刑されたじゃない。

リーダ　そうだ。ここは我々の土地でありながら、我々を保護してくれる法律がない。これはテロではなく、虐げられた者が持つ正当な権利なのだ。

自由会話 1

1 三人の立場および関係をどう思いますか。

2 独裁者を暗殺するのはテロでしょうか。

3 チリチリの掟についてどうおもいますか。

4 リーダの主張についてどう考えますか。

単語・表現

同志 동지	暗殺する 암살하다	掟 법, 규정
独裁者 독재자	そうではあるまい 그렇지 않다	～の手にかかって ~손으로/손에
搾取 착취	聖地 성지	処刑 처형
長 우두머리	荒らす 침범하다	虐げる 학대하다

会話2 大統領官邸で／大統領と国家警察長官

あいつらは、もともと文明とは程遠かった

長官　　　大統領、お願いです。警備の増強をお許しください。

大統領　　いや、私は間違ったことはしていない。だから、警備を増強する必要などないのです。

長官　　　大統領、それは軽率というものです。現にチリチリ族の過激派に不穏な動きが見られます。

大統領　　私はチリチリ族の保護には大変力を注いでいるつもりですが。

長官　　　例のパサパサへの工場誘致。あれがチリチリの連中を刺激しているのです。

大統領　　それは当然です。彼らはこのペペロ島の先住民族なのだから。ただこの島はあまりにも貧しい。
工場を誘致できる場所も、あそこしかなかったのです。

長官　　　あいつらは、もともと文明とは程遠かった。文字も教育も水道も電気も、みんな我々が与えたものです。我々が入植して30年。この国は我々のものです。

大統領　　君、そんな差別的な発言はよしなさい。私は彼らにも参政権をと考えているのですよ。

長官　　　そんな、この国をここまで発展させたのは我々です。それに、彼らは人口の60％を占めるのですよ。そんなことをしたら、我々の権利はどうなるのですか。

自由会話 2

1. 二人の立場や考え方の違いについて話してみましょう。

2. クララ人の文化政策とチリチリのアイデンティティについて考えてみましょう。

3. ペペロ島は誰のものだと思いますか。

4. 今後、大統領の警護を強化すべきでしょうか。

単語・表現

警備 경비	力を注ぐ 힘을 쏟다	程遠い 거리가 멀다
増強 증강	例の 그	入植 개척지나 식민지에 들어가 살게 됨
軽率 경솔	連中 녀석들, 놈들	差別的 차별적
過激派 과격파	刺激する 자극하다	よす 중지하다, 그만하다
不穏だ 불온하다	先住民族 선주민족	参政権 참정권

会話3　タタイの家／タタイとツーマ

あなた、どうしたの。うかない顔して

ツーマ　あなた、どうしたの。うかない顔して。

タタイ　うん、実は大事な仕事が出来て……。

ツーマ　あなた、大丈夫でしょうね。義兄さんのような、馬鹿な事しないでよ。

タタイ　ああ。それよりテテリはどうしてる？

ツーマ　もう寝たわ。そうそう、テテリが国語で100点取ったのよ。

タタイ　国語と言ったって、クララ語じゃないか。

ツーマ　しょうがないじゃない。ペペロ語じゃ、就職できないんだから。

タタイ　そうだ。明日、テテリを連れてパサパサへ行ってくる。

ツーマ　どうして？

タタイ　建設工事が始まる前にパサパサの聖地を見せておきたいんだ。パサパサの聖地でチリチリの神話を聞かせてあげようと思ってね。

ツーマ　そんなこといつでもできるじゃないの。

タタイ　そうもいかなくてね。いつまでもパサパサがあるわけじゃないし、それに……。

自由会話3

1 タタイはどうしてうかない顔をしているのでしょうか。

2 ツーマの願いはなんでしょうか。

3 この家族の将来について話し合ってください。

4 あなたは（正当な理由があれば）テロに加わることが出来ますか。話し合ってみましょう。

単語・表現

うかない顔　우울한 표정　　馬鹿な事　어리석은 짓　　神話　신화
義兄さん　아주버님　　しょうがない　어쩔 수 없다

コミュニケーション・ゲーム「犯行声明」

手順
1. 4人ぐらいのグループに分かれます。
2. 半数のグループをテロ側、残りの半数を政府側にします。
3. 下の新聞記事をもとに、テロ側、政府側の声明文を作ってみましょう。
4. それぞれの声明文を発表し、相手側の声明文に対してコメントをしましょう。

新聞記事
18日、南太平洋のペペロ共和国で現職大統領が暗殺されるという事件があった。暗殺されたのはパシタ・カラチチ大統領(34歳)で、初代カルカ・カラチチ大統領の長女。事件は現地時間の午後2時、ペペロ共和国の首都ニュークララから10キロほどのパサパサで起きた。当日パサパサでは、米国系企業による缶詰工場建設の起工式が行われていて、大統領もこれに出席していた。犯人はその場で射殺されたが、チリチリ解放同盟の一員とみられている。ペペロ共和国にはクララ系住民とチリチリ系住民がいるが、先住民族のチリチリ系住民には参政権がないことから、民族紛争の温床となっていた。

自分たちの声明文

相手声明文の要旨

相手の声明文に対するコメント

본문회화 해석

01 다이어트

회화 1

> 자택 부엌에서/오노 야스에와 오노 아키코(어머니와 딸)
> **여름에 대비해서 다이어트 할 거야**

아키코　엄마, 나 내일부터 도시락 필요 없어.
　　　　여름에 대비해서 다이어트 할 거야.
야스에　뭐? 넌 전혀 살찌지 않았잖아.
아키코　살쪘어. 팔이 이렇게 포동포동해 가지고는 캐미솔도 입을 수 없고.
야스에　쓸데없는 소리 하지 마. 성장기에는 세 끼 꼭꼭 먹고 운동하면 돼.
아키코　안 돼! 우리 반에 '맥주 효모 다이어트'로 10킬로나 살을 뺀 아이가 있어.
야스에　중학생이 맥주라고?
아키코　응! 엄마는 몰라? 요구르트에다가 맥주 효모 가루를 뿌려서 먹으면 포만감이 있고 살을 뺄 수 있대.
야스에　무리한 다이어트를 하면 과식증과 거식증을 반복하게 된다든가 반작용으로 고생하게 된다든가 해서 나중이 지옥이야.
아키코　나는 의지가 강하니까 반작용 따위는 관계없어.
야스에　아 그래? 그럼 사 온 케이크 내가 다 먹을게.
아키코　에……? 그, 그러니까 내일부터 시작한다고 했잖아!

회화 2

> 회사 옥상에서/가네다 가리오와 후쿠시마 다다노리(회사의 선후배)
> **그녀, 비쩍 말라서……**

후쿠시마　선배님, 무슨 일 있어요? 멍하니.
가네다　　아, 미안 미안.
　　　　　아니 실은 어제 전에 사귀던 애인과 딱 마주쳤어.
후쿠시마　아, 선배님 전 애인이라면 조금 통통한 여자였지요.
가네다　　그게 2년 만에 만나서 깜짝 놀랐어.
후쿠시마　혹시 완전히 딴 사람 같이 예뻐져서 후회했다든지?
가네다　　바보야, 그러면 괜찮지. 그녀, 비쩍 말라서……. 미이라 같이 돼 가지고 차마 눈뜨고 볼 수 없었어. 지금 36킬로래.
후쿠시마　예엣! 혹시 선배님한테 차였기 때문에 잘 보라고 극단적인 다이어트를 한 것이 아닙니까?
가네다　　아무래도 그런 것 같아. 내 탓인가?
후쿠시마　그녀, 마음이 약한 사람이었나 보죠.
가네다　　아……. 그녀가 죽어 버리거나 하면 나 정말 어떻게 하지.

02 취업·니트·프리터

회화 1

> 커피숍에서/후쿠시마 다다노리와 배은경(친구 이상 연인 미만)
> **은경 씨, 취업 이야기는 어떻게 됐어?**

후쿠시마　은경 씨, 취업 이야기는 어떻게 됐어?
배은경　　음, 지금 찾고 있는데……. 한국 회사에서는 역시 나 같은 여성은 채용되기 힘든 것 같아.
후쿠시마　그래도 은경 씨는 유럽에도 몇 년이나 유학을 갔으니까 여러 가지 외국어를 할 줄 알고, 게다가 유능하고, 취업 자리를 쉽게 찾을 수 있지 않나?
배은경　　아냐. 한국은 아직 뒤처져서 여성이 일을 잘하면 오히려 곤란하다고 느끼는 남자가 의외로 많아.
후쿠시마　믿을 수가 없네. 은경 씨처럼 우수한 사람이.
배은경　　게다가 지금은 특히 불경기로 취업난이잖아. 여성은 맨 먼저 인원 삭감 대상으로 거론돼.
후쿠시마　여사원은 차나 끓이고 있으라는 건가?
배은경　　그것도 낡은 생각이지마는.
후쿠시마　뭐, 요즘은 신입 사원을 모집하지 않는 곳도 많고, 나도 불황의 여파로 언제 회사에서 잘릴지 모르겠고…….
배은경　　유학 가서 알게 된 친구도 고국으로 돌아가서 좀처럼 취업이 안 되는 것 같아.
후쿠시마　그래도 일본에서는 일을 잘하는 인재를 필요로 하는 회사가 있을 테고, 초급하게 생각하지 말고 차근차근 찾으면 꼭 희망하는 일을 찾을 수 있을 거야.

회화 2

> 아라키의 방에서/아라키 미치유키와 니토 유지(친구)
> **안정되는 것만이 전부가 아니야**

아라키　다음 달부터 중국에 가기로 했어.
니토　　이야. 부러운데. 며칠 정도?
아라키　반년이야. 실크로드를 걸어 보고 싶어. 다음에 다시 만날 땐 뭔가 큰 선물이라도 들고 올게.
니토　　그렇게 오랫동안 가는 거야? 그래도, 일은 괜찮은 거야?
아라키　프리터니까 집중해서 일하고 그만둘 수 있을 때 그만두면 돼.
니토　　보통 회사원으로서는 하기 어려운 생활이네. 뭐, 내가 말할 처지는 아니지만, 인생이 그것뿐이 아니니까.
아라키　맞아. 안정되는 것만이 전부가 아니야.
　　　　그렇게 말하는 네가 니트잖아.
니토　　응. 특별히 하고 싶은 일도 없고, 사회에 기대하는 것도 별로 없고, 게다가 나 공부 싫어하잖아.
아라키　카~. 완전히 '패배자' 인생 그대로인데. 하지만, 너처럼 태평스러운 사람이 많이 나오면 이제 이 세상은 끝이겠네.

니토   너도 사회에 공헌하면서 살아가려고는 하지 않으니 비슷하잖아. 남의 말 할 처지가 아니지.

03 돈

회화 1

> 가네다의 방에서/가네다 가리오와 후쿠시마 다다노리(회사의 선배)
> **앞뒤 생각 없이 돈을 빌리니까 그렇죠**

가네다   아아, 이제 망했어. 절망이야.
후쿠시마   도대체 무슨 일이에요?
가네다   카드 회사나 고리대금업자한테 빚을 너무 많이 져서 꼼짝 못하게 됐어.
후쿠시마   앞뒤 생각 없이 돈을 빌리니까 그렇죠.
가네다   갚을 가망도 없고, 죽음으로 사죄할 수밖에 없어. 아파트에서 뛰어내릴까 목을 맬까…….
후쿠시마   좀 그렇게 성급하게 생각하지 마세요.
가네다   그럼 어쩌라는 거야? 이대로 살아남아서 수모를 당하라는 말이야?
후쿠시마   자살 같은 무서운 생각을 하지 않아도 뭔가 좋은 방법이 있을 거예요.
가네다   흠. 예를 들면?
후쿠시마   예를 들어서 지금 유망한 주식을 모조리 산다든지 경마에서 예상을 뒤엎고 맞추거나 복권으로 특상에 당첨된다든지…….
가네다   그래. 왜 그런 생각을 못 했지. 마권 살 돈 좀 빌려 줘.
후쿠시마   아~아, 안 되겠어, 이건.

회화 2

> 대학 캠퍼스에서/다시로 히로유키와 나카모리 이치로(친구)
> **요즘 계속 불경기네**

다시로   요즘 계속 불경기네. 물가는 오르기만 하고 대기업도 자꾸 도산하고. 이런 걸 뭐라고 하지? 인플레이션인가? 디플레이션인가?
나카모리   지금 같은 상황을 스태그플레이션이라고 해. 무식하네. 너 정말 경제학과 맞아?
다시로   그 말 하지 마. 경제학과라고 해도 강의에는 거의 안 나가니까 어쩔 수 없잖아.
나카모리   너 같은 놈 때문에 나라가 망가지는 거야.
다시로   와, 너무 심하다. 그 한 마디, 마음에 상처가 됐어.
나카모리   조금 심한 말을 하지 않으면 정신을 못 차리잖아. 너를 위해서 하는 말이니까 고맙게 생각해.
다시로   하……. 정말 고마워.
나카모리   그런데 진짜 이대로 가면 국가 경제가 파탄 날 가능성도 있어. 무턱대고 국채만 발행한다고 되는 일이 아니야. 정말.
다시로   국채가 뭐더라?
나카모리   이봐…….

04 건강

회화 1

> 오노 집에서/오노 겐지와 오노 야스에(부부)
> **요즘 부쩍 체력이 떨어진 것 같아**

겐지   나도 나이를 먹었나. 건강만큼은 자신이 있었는데 요즘 부쩍 체력이 떨어진 것 같아.
야스에   당연하죠. 운동은 안 하고 술은 벌컥벌컥 마시고 담배는 뻐끔뻐끔 피우고, 잠자는 시간은 불규칙하고.
겐지   뭐, 그렇게 말하지 마. 나도 좋아서 그런 생활을 하고 있는 게 아니야.
야스에   좋아서 하는 게 아니면 좀 더 규칙적인 생활을 하면 되잖아요.
겐지   그렇게 쉽게 안 되는 게 사회 생활의 어려운 점이야.
야스에   그러면 담배만이라도 끊어요. 사람 사귀기 위해서 피우는 건 아니잖아요.
겐지   아니야. 먹고 싶은 걸 먹고 마시고 싶은 걸 마시고 하고 싶은 일을 하는 게 가장 건강에 좋은 거야. 억지로 담배를 끊었더니 스트레스가 쌓여서 일주일 만에 덜컥 죽은 사람도 있대.
야스에   또 자기 입맛대로 이유를 갖다 붙이고. 계속 무리를 하면 언젠가 병에 걸려요.
겐지   그래. 요즘 목이랑 어깨가 결려서 잠을 자도 피로가 안 풀려.
야스에   조심하세요.

회화 2

> 오노 집에서/오노 겐지와 오노 야스에(부부)
> **'병은 마음먹기에 달렸다'고 하잖아요**

겐지   요전에 건강 검진을 받으러 갔더니 복부에 응어리가 생긴 것 같아서 정밀검사를 해야 되겠다고 하루 종일 이것저것 조사 받았어.
야스에   그래서 어땠어요? 그냥 지방이지요.
겐지   아니, 결과는 아직 가르쳐 주지 않았는데 왠지 안 좋은 예감이 들어.
야스에   왜요?
겐지   음. 의사하고 간호사가 심각한 얼굴을 하고 작은 소리로 이야기를 하고 있었어.
야스에   그런 건 관계없어요.
겐지   그럴까? 나 혹시 불치병이 아닐까?
야스에   설마. 너무 극단적인 생각이에요.
겐지   나 머지않아 죽을지도 몰라. 내가 죽으면 뒤를 부탁해.

야스에	쓸데없는 소리 하지 마요. 그런 불길한. 아직 아무런 말도 없었는데 그런 비참한 상상을 할 건 없잖아요.
겐지	그래도 최악의 경우를 생각해 두는 편이 나중에 충격이 적을 테니까.
야스에	그런 문제가 아니에요. '병은 마음먹기에 달렸다'고 하잖아요. 그렇게 생각을 하면 정말 병에 걸려요.

05 미용 성형

회화 1

간나의 방에서/야마시타 가호리와 미나미조노 간나(친구)
멋을 부리는 한 수단이지

야마시타	에엣! 이게 간나야? 완전히 다른 사람이네.
미나미조노	못생겼었지. 어릴 때부터 계속 '호박'이란 말을 듣고 '세균' 취급을 받았으니까.
야마시타	지금 간나를 보면 상상도 안 가. 완벽하고 하나도 나무랄 데가 없는데.
미나미조노	나도 아직까지 아침에 일어나서 거울을 보면 깜짝 놀라. "이 사람 누구지?" 하면서.
야마시타	아하하! 근데, 간나는 성형했다는 걸 공공연하게 말하고 시원시원해. 간나와 만나고 나서 성형수술에 대한 생각이 바뀐 것 같아.
미나미조노	모두 호들갑을 떠는 것 같아. 성형은 미장원에서 머리 스타일을 바꾸거나 예쁜 옷을 사는 거랑 같은 감각으로 하는 거야. 멋을 부리는 한 수단이지.
야마시타	그렇구나. 성형이라 하면 왠지 떳떳하지 못한 것 같은 느낌이 있어.
미나미조노	하지만 가지고 태어난 외모 때문에 인생을 즐기지 못하면 차라리 내 스스로 바꿀 수도 있지.
야마시타	그렇지. 예뻐지면 주변의 태도도 다를 것이고 드라마 같은 연애도 할 수 있어. 직업 선택의 폭도 넓어지고 돈 때문에 고생하지도 않을 거야. 나도 마음먹고 해 볼까.

회화 2

자택 부엌에서/오노 겐지와 오노 사나에(아버지와 딸)
사람은 중요한 건 외모가 아냐

겐지	성형하고 싶다니 무슨 얘기야. 넌 지금 충분히 예쁘잖아.
사나에	무슨 말 하는 거예요? 아빠! 이 콤플렉스 투성이인 얼굴이 거울에 비칠 때마다 난 죽고 싶어져요.
겐지	이봐. 사람은 중요한 건 외모가 아냐. 내면에서 우러나오는 아름다움이야.
사나에	그런 건 겉치레일 뿐이에요. 난 아나운서가 되고 싶어서 20개 이상이나 회사 설명회를 갔어요. 그런데 얼굴 때문에 전부 떨어졌어요.
겐지	그럴 리가 없지. 얼굴 따위에 신경을 쓸 여유가 있으면 더 많이 공부를 해서 재능이나 감성을 닦아라.
사나에	아빠, 아빠는 왜 반대하시는 거예요?
겐지	부모로부터 받은 얼굴에 칼질을 하다니 반대하는 게 당연하지.
사나에	내 얼굴이니까 어떻게 하든 내 마음이잖아요.
겐지	언젠가 너한테 아이가 생겨도 자기하고 전혀 닮지 않은 아이가 태어날 거야. 그런 생각까지 하고 말하는 거야?
사나에	그것보다 내가 이렇게 못생기게 태어난 것은 아빠를 닮았기 때문이잖아요. 책임져 주세요.
겐지	뭐야, 책임이라니?
사나에	그러니까 딸의 행복을 위해서 돈을 내 주세요.

06 종교

회화 1

커피숍에서/후쿠시마 다다노리와 배은경(친구 이상 연인 미만)
후쿠시마 씨는 뭔가 믿고 있는 종교가 있어요?

배은경	후쿠시마 씨는 뭔가 믿고 있는 종교가 있어요?
후쿠시마	아니, 특별히 아무것도 없는데. 아 그렇지. 은경 씨는 크리스찬이었지.
배은경	예, 그래요. 할아버지부터 대대로 크리스찬이에요.
후쿠시마	그렇구나.
배은경	저, 만약 후쿠시마 씨가 결혼한다면, 국적, 종교, 가정환경, 나이 가운데 어느 것이 가장 중요하다고 생각해요?
후쿠시마	글쎄. 국적이나 종교는 별로 관계없고, 나이도 큰 차이가 없으면 되고, 그럼 역시 가정환경이려나. 은경 씨는?
배은경	나는 종교예요. 역시 같은 크리스찬이어야지.
후쿠시마	같은 크리스찬이라…….
배은경	그래요. 그렇지 않으면 하나님께 축복을 받지 못하고. 그리고 안식일에는 함께 교회에 가야지요.
후쿠시마	그런가? 나는 괜찮은데…….

회화 2

대학 캠퍼스에서/나카모리 이치로와 김철수(친구)
한국에서는 크리스마스가 휴일이에요?

나카모리	한국에서는 크리스마스가 휴일이에요?
김철수	예. 그리고 석가탄신일도 휴일이에요. 일본은 휴일이 아닌가요?
나카모리	일본은 휴일이 아닌데요.
김철수	아아, 일본인의 종교는 신도이기 때문이지요.
나카모리	아니 아니. 그런 게 아니라 일본은 정교 분리가 원칙이기 때문이에요.

김철수	정교 분리?
나카모리	그게 뭐냐하면 정치가 종교에 간섭해서는 안 된다는 거지요.
김철수	하지만 매년 일본 총리가 야스쿠니 신사에 가잖아요.
나카모리	그건 그렇지만 그건 국가 행사가 아니라 사사로운 일이에요.
김철수	그렇게 보이지 않는데요. 그리고 여름 방학 때 일본 각지를 여행했는데 여기저기서 축제를 하고 있었어요.
나카모리	으~음. 현재의 축제(마쓰리)는 종교 의식이라기보다 오락적 측면이 강해요.

07 여가

회화 1

회사 사무실에서/가네다 가리오와 후쿠시마 다다노리
이번 대형 연휴 때 어디 가나요?

후쿠시마	이번 대형 연휴 때 어디 가나요?
가네다	집에서 빈둥거리면서 TV라도 볼 거야. 파친코를 가도 돈을 잃고, 경마는 요즘 재수가 없고.
후쿠시마	나는 이집트에 갔다 올게요.
가네다	엣, 그건 또 왜? 너 돈이 많구나.
후쿠시마	평생교육강좌에서 고대 이집트문화를 배우고 있는데, 그 현지 견학입니다.
가네다	근데 왜 그런 것을 배워? 뭔가 돈벌이라도 되나?
후쿠시마	그런 건 없죠. 단지 고대 문명의 유적을 직접 보고 싶어서요.
가네다	야, 졌다, 졌어. 너도 이상한 놈이야.

회화 2

시의 사회교육과에서/평생교육 담당자 A · B
정말 이러지도 저러지도 못하겠네

담당자A	정부와 현의 보조금이 대폭 줄어들어서, 내년에 늘릴 예정이었던 새 강좌를 거의 못하게 되었어.
담당자B	시 예산도 전혀 안 늘고, 이래서는 강사한테 사례도 제대로 못 줘.
담당자A	낭비는 이것 말고 여러 가지가 있는데, 그것을 먼저 삭감하면 될걸.
담당자B	정말 이러지도 저러지도 못하겠네. 역시 강좌 수를 줄일 수밖에 없을까?
담당자A	그런데, 고령화와 불황 때문에 시간이 있는 사람은 늘어났는데……. 아, 그래!
담당자B	뭐?
담당자A	돈이 모자란 부분은 자원 봉사 강사를 모집하면 돼.
담당자B	그렇게 하면 장소를 제공하기만 하면 되는데, 그래 가지고 좋은 강사가 모일까?
담당자A	전부터 있던 강사에게는 사례를 주고 있으니까 그 사람들과 차이도 생기고…….
담당자B	음~.

08 국제화, 이주

회화 1

슈퍼마켓에서/가네모치 나리코와 오노 야스에(근처의 주부)
외국에서 노동자가 자꾸 들어오고 있지요

가네모치	중국산 양파와 통가의 호박, 한국의 김치, 호주의 쇠고기, 덴마크 치즈, 그리고 캘리포니아 와인, 이것으로 다 됐지.
오노	어머, 사모님 그렇게 많이 사시고 오늘은 파티를 하세요? 우리 집은 엔고 때문에 회사 업적이 안 좋아서 가계도 절약하고 있어요. 오호호.
가네모치	남편 회사는 수입 전문이기 때문에 지금은 그럭저럭 잘 되고 있어요. 그런데 댁 부군 회사는 말레이시아에 옮긴다고 들었는데 정말이세요?
오노	예, 일본에서 만드는 것보다 그쪽에서 만드는 것이 더 싸게 친다고 허더군요. 그래서 남편도 머지않아 그쪽으로 갈 거예요. 둘째 딸은 미국에 유학할 예정이고 첫째 딸도 언젠가 외국에 갈 수 있도록 좋은 회사에 취업할 거예요. 그렇게 되면 저도 말레이시아에 가요. 오호호.
가네모치	어머나, 부럽네요. 그런데 그렇게 많은 분들이 외국으로 나가시는데 한편에서는 외국에서 노동자가 자꾸 들어오고 있지요. 일본은 도대체 어떻게 되려는지?

회화 2

대학원 연구실에서/나카모리 이치로와 김철수(친구)
투자 이민이라고 하는 케이스지요

김철수	일본계 브라질인이라는 사람들이 많이 일본에 일하러 와 있지요. 그 사람들 조상은 일본인이에요?
나카모리	그렇지요. 메이지 말기부터 브라질로 이주하기 시작했고, 이주한 일본인의 숫자가 가장 많아요. 그런데 1980년대부터 이번엔 그 자손들이 경기가 좋은 일본에 돈벌이를 위해 잇달아 오게 된 거예요.
김철수	한국에서는 지금도 이주가 성행하고 있고 매일같이 신문에 광고가 나와요. 제일 인기가 있는 게 캐나다, 그 다음이 미국, 뉴질랜드 같은 곳이에요.
나카모리	그 사람들은 한국에서는 먹고 살 수 없어요?
김철수	아니요, 중산층 사람들이 더 좋은 생활을 찾아서 가는 거예요.
나카모리	거기서는 무엇을 해요?

김철수	우리 집 앞에 살고 있던 가족의 경우는 남편이 큰 회사에서 해고된 것을 계기로 캐나다 토론토에 갔어요. 거기서 부인은 간호사를 하고 남편은 슈퍼마켓을 개업했어요. 투자 이민이라고 하는 케이스지요.
나카모리	그럼 옛날처럼 먹고 살기 어려워서 가는 농업 이민하고는 다르군요.
김철수	예, 대졸인 중류층이 더 좋은 생활과 더 큰 인생을 찾아서 이주를 하는 거지요. 비장감 같은 건 전혀 없고 오히려 주위에서 부러워하고 있어요.

09 폭력

회화 1

> 커피숍에서/야마시타 가호리와 미나미조노 간나(친구)
> **설마 나카무라 씨한테 맞은 거야?**

야마시타	어떻게 된 거야? 멍이 들었잖아.
미나미조노	그.
야마시타	그러니, 네 애인 나카무라 씨 말야?
미나미조노	그래.
야마시타	설마 나카무라 씨한테 맞은 거야?
미나미조노	나보고 바보라고. 바보이기 때문에 때린다고.
야마시타	뭐야 그게. 좀 자세하게 이야기해 봐.
미나미조노	나도 잘 모르겠어. 하여튼 뭔가 내 행동이 마음에 안 든대. 그래서 나를 때리고 발로 차고.
야마시타	뭐라고. 그런 놈하고는 헤어지면 되잖아.
미나미조노	헤어지면 가만두지 않겠다고. 보통 때는 아주 상냥한데. 그리고 생활도 있고.
야마시타	생활이라니. 너 일하고 있었잖아.
미나미조노	그게 그가 그만두라고 해서 그만두었어.
야마시타	그건 완전한 DV(남편이나 파트너가 아내나 연인에게 폭행을 휘두르는 것)야. 복지사무국에 상담하러 가자.

회화 2

> 경찰서에서/불법 체류로 체포된 외국인과 취조하는 경찰관
> **불법 체류에 불법 노동**

경찰관	불법 체류에 불법 노동. 그리고 매춘과 각성제 소지 용의다.
외국인	불법 체류라니요. 비자가 끝난 것을 몰랐을 뿐입니다.
경찰관	반년이나 몰랐단 말야. 게다가 유학 비자로 입국했으면서 일본어학교에 다닌 것은 처음 2개월뿐이잖아?
외국인	그건 일본 물가가 높아서입니다. 돈이 모이면 다시 다니려고 했습니다.
경찰관	까불지 마. 도대체 너희 외국인들은 일본에 와서 나쁜 짓만 하고 돌아다녀.
외국인	하지만 우리나라는 가난합니다. 그리고 우리나라가 가난한 원인은 일본 때문이기도 합니다.
경찰관	뭐라고. 이 화냥년아. 일본에 대들 작정이야?
외국인	아닙니다. 저는 그 가게에서 웨이트레스를 하고 있었을 뿐입니다.
경찰관	그 가게는 폭력단의 입김이 있고 매춘도 알선하고 있어. 그리고 각성제를 가지고 있었잖아?
외국인	그건 점장님이 피곤할 때 하라고 주신 겁니다. 그래도 하지 않았습니다.
경찰관	웃기지 마라. 하여튼 오늘 밤은 여기서 묵고 가야 돼.

10 조기 교육

회화 1

> 공원에서/기쿠치 아야코와 아오키 레이코(근처의 주부)
> **아이들 교육은 3살까지가 중요해요**

기쿠치	어머, 루나 엄마! 오랜만이네요. 요즘 바빠요?
아오키	루나 교육 때문에요. 저, 이제 슬슬 유치원 입시를 대비해서 본격적으로 해야지요. 학원, 체조, 리트미크, 컴퓨터…… 부모도 힘들어요. 댁은요?
기쿠치	우리 집은 특별히 아무것도 안 해요. 남편하고도 의논했는데 어릴 때는 자유롭게 놀게 하려구요.
아오키	근데, 요즘 아이들은 유치원 들어가기 전에 글자도 쓸 줄 알고 혼자서 책을 읽고 구구단까지 외울 수 있는 아이도 있어요. 그렇게 느긋해도 괜찮아요?
기쿠치	빠르면 빠를수록 좋은 건 아니지요. 아직 2살이고.
아오키	모르는 거예요? 아이들 교육은 3살까지가 중요해요. 도모 엄마는 외국인학교에 대해서 여러 가지 알아보고 있고, 우리 집도 이렇게 가만히 있을 수 없지요.
기쿠치	그래도 아이들한테는 그 때밖에 할 수 없는 일이 있는데……
아오키	댁은 그래 가지고는 시대에 뒤처져요. 그럼, 학원에 갈 시간이라서. 안녕히 계세요.

회화 2

> 자택 거실에서/기쿠치 소타와 기쿠치 아야코(부부)
> **그렇게 말하고 있을 때가 아니에요**

아야코	오늘 '팔리 영어 시스템'의 어드바이저가 집에 왔어요.
소타	아아 방문판매원 말이지. 잘 쫓아냈어?
아야코	아니에요. 전화로 와 달라고 했어요. 사와가 샘플 비디오에 빠져들었더라고요.
소타	잠, 잠깐만. 우리 집은 그런 거하고는 전혀 관계가 없었잖아?
아야코	그렇게 말하고 있을 때가 아니에요. 국제어를 익히기 위해선 80만 엔은 적당하죠. 우리는 영어 때문에 고생했잖아요.

소타	80만 엔? 무슨 말을 하는 거야?
아야코	지금은 우뇌로 말을 배우는 시기니까 영어도 일본어처럼 자연스럽게 습득한대요.
소타	일본에 있으면서 영어도 원어민 수준으로 한다는 건 무리야.
아야코	그러니까 초등학교부터 영국 기숙사에 넣으면…….
소타	이봐, 어린아이를 혼자 외국에 보낸다니 보통이 아니야.
아야코	어머, 저도 같이 갈 건데요. 당신은 공무원이니까 일본에서 열심히 일하고요.

양안주	못 마시더라도 마셔야 될 때는 무리를 해도 마시는 것이 사람 사귀는 일이죠. 자, 어서.
야마시타	예, 그럼 한 잔만.
양안주	자, 그럼 건배. 오, 잘 마시네요. 그럼 또 한 잔 합시다.
야마시타	아무리 한국의 습관이라도 이제 더 이상은 못 마십니다.
양안주	아까 많이 마신다고 했잖아요. 자, 원샷.
야마시타	(안색이 나빠진다) 욱. 우욱.
양안주	어, 야마시타 씨. 왜 그래요? 그러니까 내가 한 잔만 마시라고 했는데.

11 술

회화 1

> 후쿠오카의 변화가에서/토박이 오구라 구스오와 이상길
> **'술 친구는 진정한 친구'요**

오구라	당신, 이쪽 사람이 아닌 것 같은데 어디 사람이요?
이상길	예, 한국에서 출장 왔습니다. 하카다에는 자주 옵니다.
오구라	그럼 당신 한국 사람이요? 자주 온다고요. 여기는 어때요?
이상길	예, 아주 좋은 곳이군요. 거리는 깨끗하고 음식은 맛있고.
오구라	그렇지 그렇지. 여기는 좋은 곳이요. 뭐든지 최고요. 근데 당신 술 안 마셔요?
이상길	아니요. 아주 좋아하는데요. 이 가게에는 정종이 없습니까?
오구라	이봐요, 하카다에서 술이라고 하면 소주지요. 정종 같은 거 마시고 있으면 안 돼요.
이상길	엣. 여기도 소주가 있습니까? 실은 소주를 더 좋아합니다.
오구라	그럼 당신도 이쪽에 와서 같이 술을 마셔요.
이상길	에, 괜찮습니까? 일본인은 처음 만난 사람하고는 별로 친해지지 않는다고 들었는데.
오구라	술꾼한테 그런 건 관계없어요. '술 친구는 진정한 친구'요.

회화 2

> 선술집에서/양안주와 야마시타 가호리
> **저는 술을 거의 못 마시는 체질입니다**

양안주	야마시타 씨, 자 더 마시세요.
야마시타	저, 저는 술을 전혀 못 마시기 때문에 좀…….
양안주	뭐, 괜찮아요. 여기는 한국이니까 받은 잔은 마셔야 돼요.
야마시타	그래도 저는 술을 거의 못 마시는 체질입니다. 정말 죄송하지만 더 이상은…….

12 병역

회화 1

> 대학 커피숍에서/나카모리 이치로와 김철수와 이상길(지인)
> **한국에는 병역이 있군요**

나카모리	한국에는 병역이 있군요. 일본에서는 전쟁 후에 없어졌기 때문에 그러한 사정을 모르겠네. 반드시 가야만 하는 거예요?
김철수	물론이죠. 안 가면 처벌을 받아요. 교도소에 들어가야 돼요. 저도 대학교 2학년 때 육군에 갔다 왔어요.
나카모리	군대에 가면 심신이 단련되어서 당당한 사나이가 된다던데. 다부지지 못한 일본 젊은이들도 좀 단련이 돼야 돼요.
이상길	몸은 튼튼해져요. 하지만 우리 입장에서 일본을 보면 군대에 안 가도 된다는 게 너무 부러워요.
나카모리	군대에 가면 밥 먹는 것이 빨라진다고 하던군요.
김철수	입대한 지 얼마 안 됐을 때, 먹기 시작하자마자 "식사 끝"이라고 하는 거예요. 그 때부터 순식간에 먹어 버리는 버릇이 생겼어요.
나카모리	군대 생활에는 괴로운 일도 많겠지요.
김철수	군대는 즐거운 추억은 그다지 없어요.
이상길	모두 자주 하는 이야기가 축구를 한 게 즐거웠다고 하는 이야기예요.
김철수	실제로 그 이외에는 즐거운 것은 없었어요.

회화 2

> 커피숍에서/야마시타 가호리와 배은경(지인)
> **도대체 언제까지 병역이 계속될까요?**

야마시타	저기, 애인이 군대에 가면 면회를 가요?
배은경	예. 하지만 서로 쉬는 날이 안 맞거나 전방 가까이의 불편한 곳에 배치되었거나 해서 오랫동안 만나지 못하는 사이에 마음이 변해서 헤어지게 되는 경우가 많이 있어요.
야마시타	그건 비극이네. 그리고 대학 공부에도 영향이 있겠네요. 도대체 언제까지 병역이 계속될까요?

배은경	남북의 긴장 상태가 지속되는 한 군대는 필요하죠. 지원하는 사람만으론 나라를 지킬 수 없으니까 젊은이가 의무로 군대에 가는 것은 당분간 어쩔 수 없는 일이 아닐까요?
야마시타	뭐, 그건 그렇지만 지금 세계는 평화를 지향하고 있어요. 한반도는 세계에서도 몇 안 되는 대립의 장이지요.
배은경	그래요. 남북 양쪽에 상당한 부담인데, 한쪽이 완강한 태도를 취하고 있으니 또 한쪽도 거기에 대비해야 되는 거지요.
야마시타	그래도 세계를 보면 다국적군이나 국제평화유지군 따위가 분쟁지에 파견되고 있어요.
배은경	분쟁을 대화로 해결할 수 있을 때까지는 아직 시간이 걸릴 것 같네요.
야마시타	이제 슬슬 우리 여성이 세계 정치를 주도하지 않으면 안 돼요.

다시로	흐음~. 그런데 너한테는 안 어울리는 거 아냐?
데라오	그래도 괜찮아. 다시로하고 같은 거니까.
다시로	같은 거라고 해도…….
데라오	아 그래. 다음에 똑같은 스웨터를 입고 둘이서 술 마시러 가자.
다시로	저기, 너하고는 오래된 사이지만 너 좀 이상한 거 아냐?
데라오	이상하다니……. 다시로 내가 싫어?
다시로	아니, 그게, 말하기가 좀 뭐한데 너 혹시 호모야?
데라오	…….
다시로	아, 마음이 상했어? 미안, 미안.
데라오	있잖아. 만약 내가 동성애자라면 나를 경멸해?
다시로	엣! 갑자기 그런 질문을 받으면…….

13 동성애

회화 1

자택 거실에서 / 기쿠치 소타와 기쿠치 아야코(부부)

그건 레즈비언 아냐?

아야코	교코 씨가 동거를 시작했대요.
소타	진짜? 상대는 누군데?
아야코	대학 시절 동창이래요.
소타	동창이라고? 그런데 교코 씨는 여대였잖아?
아야코	그래요, 교코 씨는 고등학교도 대학교도 여학교예요.
소타	그럼 상대는 여자야? 그건 레즈비언 아냐?
아야코	그런 식으로 말하는 건 뭔가 거북스럽네요. 차별하는 것 같아요.
소타	아니 그런 건 아니지만……. 그 교코 씨가……. 아주 여성스러운 사람인데.
아야코	그 상대를 만났는데 아주 멋있더라구요. 남성 같고.
소타	으응 뭐더라? 트렌스젠더라고 하나?
아야코	그거하고는 좀 다르지 않아요?
소타	그래? 트렌스젠더는 자기 성별에 위화감을 느끼는 거던가?
아야코	근데 어쨌든 교코 씨는 행복해 보였어요. 나도 좀 생각해 볼까?
소타	이봐 이봐. 진심이야?

회화 2

대학 캠퍼스에서 / 다시로 히로유키와 데라오 사토시(소꿉친구)

너 혹시 호모야?

다시로	어, 그 스웨터.
데라오	응. 다시로가 좋아하는 거야. 멋있어서 나도 사 봤어.

14 대통령·지방 자치

회화 1

선술집에서 / 나카모리 이치로와 이상길(친구)

하기야 한국 대통령은 막강한 힘을 가지고 있지

나카모리	한국 대통령은 현대의 왕 같아. 무엇이든 불가능한 일이 없잖아.
이상길	일본에도 천황이 있잖아?
나카모리	일본 천황은 국가의 상징이라고 헌법으로 규정되어 있어. 정치에 관여해서는 안 돼. 말하자면 나라의 장식이야.
이상길	음. 하기야 한국 대통령은 막강한 힘을 가지고 있지. 대통령 임기는 5년이지만 그 사이에 수상(국무총리)에 임명되는 사람은 5~6명이야. 즉 한국 수상은 언제 해고될지 모르는 셈이지.
나카모리	그에 비해서 일본 수상은 국회에서 선출되니까 정치의 정점에 서 있어. 그런데, 너도 앞으로 대통령 자리를 노리고 있는 거지?
이상길	음~, 정치는 하고 싶은데, 대통령이 되면 친척, 학교 동창, 지역 사람들이 달라붙어서 이권을 얻으려고 해. 그게 두려워.
나카모리	대통령을 사임한 후에 체포된 사람도 있었지. 일본에서도 비슷한 일이 있었지만.
이상길	그러니까 나는 대통령은 안 될 거야.

회화 2

커피숍에서 / 나카모리 이치로와 다시로 히로유키(친구)

먼저 시의회 의원에 입후보할 거야

나카모리	자, 내년엔 이제 25살이야. 선거에 출마한다.
다시로	선거라니, 설마 너 총선거에 출마하는 건 아니겠지?

나카모리	먼저 시의회 의원에 입후보할 거야. 대대로 이어진 명문 정치가 집안하고 달리 나한테는 지반과 직함과 돈이 없어. 그래서 손수 시민운동을 배경으로 할 거야.
다시로	그래서 '교육과 환경을 지키는 어쩌구 저쩌구' 하는 뭔지 모를 이상한 조직을 만들어서 서명 운동 따위를 하고 있는 거구나.
나카모리	이번에 자금 모금을 위한 파티를 하는데, 너도 도와 줘. 그런데 한 번도 투표 하러 간 적이 없는 녀석이라서.
다시로	그거 좋은데. 나도 뭔가 파티를 할까?
나카모리	바보야. 너한테 돈을 내는 사람은 없지. 그러니까 나한테 협력해.
다시로	돈을 주면 도와주지. 뭔가 무료권이라도 괜찮아. 그런데 '마권 판매소 유치'를 공약으로 해. 모두 좋아 할 거야.
나카모리	역시 너하고는 거리를 두는 게 좋겠어.
다시로	어차피 너도 돈을 위해서 하려는 거잖아.

15 성희롱 · 스토커

회화 1

사내에서/요시다 쇼키치와 오노 사나에(사장과 사원)
사장님, 이제 그만 하세요

요시다	어? 사나에 양, 아직 있었어? 신입 사원이 열심히 하네. (다리를 만진다)
오노	좀, 사장님…….
요시다	응, 팬티 스타킹 신었어? 여성은 말야, 팬티 스타킹이 안 좋아. 안이 축축하고 후끈거리니까. 내일부터 맨다리로 와. 알았지?
오노	저, 저는 이제 그만 실례하겠습니다.
요시다	사나에 양, 이탈리아 음식이라도 먹으러 안 갈래? 내가 사 줄게.
오노	됐습니다.
요시다	그런데, 사나에 양 엉덩이가 멋지네. 탱탱해서 복숭아 같네. (엉덩이를 만진다) 애인은 있어?
오노	사장님, 이제 그만 하세요.
요시다	이봐, 여기는 나 혼자서 모든 일을 좌지우지하는 작은 회사야. 너 같은 것쯤이야 언제든지 해고할 수 있어.
오노	너무합니다.
요시다	야, 세상은 이런 거야. 빨리 단념하고 나하고 성인으로서의 교제를 하자. 닳아지는 것도 아닌데, 응? (가슴을 만진다)
오노	만지지 말아요! 변태!

회화 2

파출소에서/경찰관과 야마시타 가오리
24시간 감시를 받고 있는 것 같고

경찰관	스토커 피해를 당한 지 반년입니까? 상대 남성과 면식은 있습니까?
야마시타	예. 그게 전에 사귀었던 사람입니다.
경찰관	그렇군요. 그러면 헤어졌는데도 불구하고 항상 따라다니는군요.
야마시타	예, 헤어지자는 이야기를 꺼내자마자 돌변해서.
경찰관	그런데 그 스토커 행위는 구체적으로 어떤 일이 있습니까?
야마시타	장난 전화는 매일 밤이고 어디 숨어 있다가 미행하거나 제 입으로 말할 수 없는 것들이 우편함에 들어 있을 때도 있고 또 24시간 감시를 받고 있는 것 같고
경찰관	어딘가에서 들여다보고 있다든가 그런 겁니까?
야마시타	잘 모르겠습니다. 방에서 옷을 갈아입을 때 그한테서 전화가 걸려와서 속옷 색깔 등을 정확히 맞히기 때문에 기분이 나빠서.
경찰관	그한테서 받은 물건이 방에 없습니까?
야마시타	아……. 그러고 보니까 옛날에 그한테서 받은 TV를 그대로 사용하고 있습니다.
경찰관	그거야. 몰래 카메라가 없는지 조사해 봅시다.

16 환경오염

회화 1

오노의 직장에서/오노 겐지와 시 직원인 기쿠치 소타
회사 쓰레기가 가득 쌓였는데

오노	여보세요, 회사 쓰레기가 가득 쌓였는데, 왜 3일씩이나 치우러 오지 않는 겁니까?
기쿠치	아, 정말 죄송합니다. 실은 지금 치우러 가도 쓰레기 처리장으로 가져갈 수가 없습니다.
오노	엣. 왜 그렇죠?
기쿠치	쓰레기 처리장 주변 주민들이 쓰레기 반입에 반대해서 길을 막고 있기 때문에 처리장까지 차가 들어갈 수 없습니다.
오노	그렇습니까? 그럼 어쩔 수 없네요. 그러면 잠시 회사에서 보관해 둘 수밖에 없군요.
기쿠치	죄송합니다만 부탁합니다.
오노	그래도 그렇게 오래 있을 수 없어요. 언제쯤 해결됩니까?
기쿠치	심각한 일이라서 확실히는 모르지만 지금 시장님이 주민을 설득하고 있습니다.
오노	알았습니다. 그럼 이 건이 해결되면 회사로 연락 부탁합니다. 빨리 해결해 주세요.

회화 2

> 시골에서/후쿠시마 다다노리와 배은경(연인)
> **추억의 장소가 더러워진다는 건**

[오랜만에 귀성한 후쿠시마가 배은경에게 고향을 안내하고 있다.]

후쿠시마 여기가 어릴 때 놀았던 강가야. 앗, 그런데…….
배은경   그런데 뭐예요? 무슨 일이에요?
후쿠시마 뭔가 물이 많이 줄었네. 그리고 예전에는 이렇게 더러운 강이 아니었는데…….
배은경   여기서 늦게까지 헤엄치고 우렁이를 잡고 그랬었죠?
후쿠시마 응. 정말 재미있었어. 물도 투명할 정도로 맑고, 10년 전에 공장이 지어졌다던데 그 때문인가?
배은경   왠지 슬퍼요. 추억의 장소가 더러워진다는 건.
후쿠시마 그래도 나는 아직 나은 편일지도 몰라.
배은경   엣, 왜요? 맑았던 강이 용수로처럼 되었는데.
후쿠시마 요즘 아이들은 좀처럼 자연 속에서 놀 수 없잖아. 일상생활에서 자연의 혜택을 누린 것만으로도 내가 더 행복할지도 몰라.
배은경   그럴지도 모르지요. 아무리 환경 보호에 대해서 말해도 어느 정도 자연의 혜택을 받고 있는지 실감하지 않으면 어렵지요.
후쿠시마 우리도 장래의 아이를 위해 아름다운 자연을 남겨야지.

17 주택

회화 1

> 회사의 사무실에서/가네다 가리오와 후쿠시마 다다노리
> **오늘 밤 안에 짐을 정리해야죠**

가네다   퇴근하는 길에 한잔 하러 갈까?
후쿠시마 아니요, 오늘은 곧장 돌아가지 않으면 은경 씨한테 야단맞아요.
가네다   왜?
후쿠시마 그녀와 결혼해서 같이 살게 됐는데 내일 이사해요. 오늘 밤 안에 짐을 정리해야죠.
가네다   힘들겠네. 그래도 좋은 곳으로 이사하는 거지.
후쿠시마 예, 지금까지 살던 아파트는 1DK로 좁았지만, 회사에서 가까워서 편리했어요.
가네다   그래서 이번엔 넓어지는 거네?
후쿠시마 2LDK이니까 넓어지는데 회사에서 멀어지니까 통근하는 데 시간이 걸려요.
가네다   앞으로 아이가 태어나는 것도 생각하면 시내보다 공기가 깨끗한 편이 좋아. 하여간 축하해.

회화 2

> 후쿠시마 다다노리의 아파트에서/후쿠시마 마사노리·마쓰코 (부부)와 다다노리(아들)
> **이런 훌륭한 아파트에 살 수 있다니**

마사노리 결혼하자마자 이런 훌륭한 아파트에 살 수 있다니, 옛날에는 전혀 생각할 수 없었어.
다다노리 그래도 세상에는 훨씬 넓고 호화로운 집에 살고 있는 사람들도 있어요.
마사노리 배부른 소리 하지 마, 이만하면 충분해. 비 새지 않고 햇빛도 잘 들어오고.
마쓰코   게다가 수도꼭지를 틀면 뜨거운 물이 나오고, 스위치 하나로 방은 서늘하게도 따뜻하게도 할 수 있고, 나는 낮잠이나 잘까.
다다노리 유럽 영화에서 보면 그쪽 사람은 훨씬 좋은 집에서 살고 있어요.
마사노리 그건 역사가 달라. 대대로 쌓아온 축적이 살아 있는 거지.
다다노리 어쨌던 나는 아버지처럼 독채에는 살고 싶지 않아요.
마사노리 뭐라 해도 고온다습한 일본에서는 나무로 만든 집이 제일이야. 습도에 강하고 마음도 편안해져. 그리고 너도 나이를 먹으면 정원을 가꾸는 걸 좋아하게 될 거야.

18 괴롭힘과 학급 붕괴

회화 1

> 중학교 건물 뒤에서/괴롭히는 아이 3명(A, B, C)와 괴롭힘 당하는 아이(D), 교사
> **누구한테 고자질하지 않았지?**

학생A 이봐, 오늘은 약속한 3만 엔 가져왔겠지?
학생B 설마 안 가져온 건 아니겠지?
학생D 으, 음. 실은…… 못 가져왔어.
학생C 뭐라고? 오늘은 우리와의 약속을 지킨다고 했잖아?
학생D 하지만……. 역시 그런 큰돈을 부모님 지갑에서 훔칠 수 없어.
학생B 야 야. 우리는 훔치란 소리 한 마디도 안 했어. 좀 빌려 오라고만 했지.
학생A 그래 그래. 우리는 돈이 없어서 궁하니까 친한 친구인 네가 우리들에게 빌려 준다는 이야기였잖아.
학생D ……. 그래도 역시 못 하겠어. 만약 부모님한테 들키면…….
학생C 그러니까 들키지 않도록 하면 되잖아.
교사   잠깐만, 너희들 거기서 무엇들 하고 있어?
학생A 아. 아니요, 아무것도 아니에요. 이봐, 가자.
학생C 너 설마 이 일에 대해서 누구한테 고자질하지 않았지?

학생D	엣, 아, 아니, 하, 하지 않았어.
학생B	만약 고자질 같은 짓 해 봐. 죽여 버릴 거야.
학생C	쳇, 저 꼰대, 다음에 혼내 줘야지.

회화 2

교장실에서/교사와 교장
이제 한계입니다

교사	교장선생님, 이제 한계입니다. 이 중학교에서 더 이상 일하고 있으면 전임 선생님처럼 마음의 병에 걸릴 겁니다.
교장	뭐 그렇게 말하지 말고 좀 더 분발해요. 부모도 시끄러우니까.
교사	그러나 수업을 하는 데도 불구하고 학생은 마음대로 자리에서 일어나 교실을 나가거나 사담을 삼가지 않거나 해서 학급의 기능이 완전히 정지 상태로, 교단에 서 있을 수도 없어요.
교장	그런 것은 일상다반사예요. 그리고 당신도 잘못한 거 아닌가요? 그들을 집중시키는 수업을 하지 않아서겠죠.
교사	그런가요? 오늘 아침에는, 학생 이름을 부른 것만으로 "말 걸지 마!"라고 목덜미를 붙잡혀서…… 하마터면 맞을 뻔 했어요. 수업 중에도 컴퍼스가 내던져졌고, 복도에서도 다리에 걸렸어요. 이것도 교사의 책임입니까?
교장	그런 놈은 내버려 두면 돼요. 관계를 갖지 않는 것이 제일 좋아요.
교사	저와 같은 신임 교사에게 저런 험악한 반을 맡기다니 분명히 인원 배치 미스예요.
교장	이봐요, 당신이 친구 감각으로 학생을 대하니까 얕잡아 보는 겁니다. 서로 친밀해서 질서가 문란해지는 거니까 좀 더 엄격하게 하는 것은 어때요? 하여간 연도가 바뀔 때까지는 어떻게든 해 주세요. 부탁해요.

19 소자고령화

회화 1

동창회장에서/세 아이를 둔 어머니 아오키 레이코와 미혼여성 시라토리 교코B(동급생)
나는 육아로 이미 녹초가 됐어

아오키	어, 교코 아냐? 여전히 멋지네. 마치 독신 같아.
시라토리	그럴 것이, 나 독신이야. 이래 봬도 컨설팅 회사를 경영하고 있어.
아오키	이야, 사장님이네. 나는 육아로 이미 녹초가 됐어.
시라토리	아이 몇 명이야?
아오키	3명이야.
시라토리	3명? 요즘치고는 드물지 않아? 힘들지?
아오키	응, 배우는 것마다 학원이잖아. 경제적으로는 상당히 힘들어. 물론 아동 수당이라든가 받지만, 너무너무 부족해서.
시라토리	그래서 나는 결혼하지 않는 거야. 남편이라든가 아이라든가 그런 것에 속박당하기 싫어.
아오키	하지만 어머니로서 아이가 성장해 가는 모습을 보는 것은 믿음직스러운 거야.
시라토리	그래. 하지만 나에게는 더 해야 될 일들이 많이 있어.

회화 2

선술집에서/히라노 가즈히코와 기쿠치 소타(이웃)
찾으면 뭔가 있지 않습니까?

히라노	그래요, 나도 연금을 받고 있어요. 하지만 충분하지 않아요. 젊을 때부터 오랫동안 일한 노인들이 하다못해 노후 생활에는 불안이 없는 사회 구조가 됐으면 해요.
기쿠치	죄송합니다. 그래도 우리 세대의 연금 부담도 이제 한계입니다. 가족들의 생활도 있습니다. 게다가 곧 40살이 되기 때문에 수발보험의 부담도 시작되고…….
히라노	이봐, 뭔가 다른 사람을 위해서 마지못해 하고 있는 것처럼 들리는데 결국 자신을 위해서 하는 거야. 그래서 연금을 늘릴 수 없으면 우리는 일하고 싶어. 그렇지만 일할 곳이 없어.
기쿠치	찾으면 뭔가 있지 않겠습니까?
히라노	그게 없어. 공장은 외국에 나가지. 게다가 외국인 노동자를 계속 들여놓고 우리 노인은 "이제 쓸모없습니다"라고 하면서 휙 버리는 거야.
기쿠치	그렇지요. 한 마디로 노인이라고 해도 그 중에는 아직 일하고 싶은 사람들이 많이 있을 텐데. 노인에게 맞는 일도 찾으면 있을 겁니다. 정부도 기업도 그런 점을 생각해야 됩니다.
히라노	아주 좋은 말을 하네. 마음에 들었어. 좋아, 한 잔 하자. 아저씨, 한 병 더 줘요.

20 안락사 · 존엄사

회화 1

자택 거실에서/기쿠치 소타와 기쿠치 아야코(부부)
안락사도 생각하고 있다고 하더군요

아야코	히라노 씨네 아버님이 암이래요.
소타	히라노 씨 아버님이면 이미 상당한 연세잖아요.
아야코	70살 정도인가? 얼마 전까지는 아주 정정하셨는데.
소타	그래서 어떻게 됐어?

아야코	말기라던데요. 그래도 나이가 나이인지라 진도는 그다지 빠르지 않나 봐요.
소타	그건 다행이네.
아야코	그게 그렇지도 않나 봐요. 간호하는 측도 힘들고 암치료도 노인에게는 고통이래요.
소타	요즘은 호스피스 같은 게 잘 갖추어져 있지.
아야코	그건 그렇지만……. 안락사도 생각하고 있다고 하더군요.
소타	안락사라니. 체면도 있는데…….
아야코	그래도 고통을 견디고 있는 아버님을 매일 보는 것도 괴롭다고 해요.
소타	으~음. 어려운 문제네.

회화 2

> 병실에서/오노 겐지와 오노 야스에, 그리고 의사(환자의 부모와 의사))
> **생명유지장치를 뗄 것을 권합니다**

의사	진단 결과부터 말씀드리면 환자분은 뇌사 상태입니다.
겐지	무슨 말씀입니까? 딸은, 아키코는, 나을 수 있습니까?
의사	보시는 대로 신체는 살아 있습니다. 그러나 뇌는 정지되어 있습니다.
야스에	그래도 이렇게 새근새근 자고 있잖아요?
의사	이미 의식은 없습니다. 정확히 말하면 자고 있는 것도 아닙니다. 꿈을 꾸지도 않습니다. 두 번 다시 눈을 뜨는 일은 없을 것입니다.
겐지	그래서 선생님은 우리에게 어떻게 하라는 겁니까?
의사	말씀 드리기 어렵지만, 회복 가능성은 없습니다. 생명유지장치를 뗄 것을 권합니다.
야스에	그런. 그렇게 하면 죽어 버리잖아요.
의사	의학적으로는 이미 돌아가셨습니다.
야스에	설마 그런……. 아키코가 죽었다니…….
겐지	그만 해. (침묵)
의사	그럼, 스위치를 꺼도 됩니까?
겐지	좀, 기다려 주세요. 스위치는 제가 꺼도 되겠습니까?
의사	권하고 싶지는 않습니다만 원하신다면…….
야스에	여보, 하지 마요. 그런 잔인한 짓을.

번외편 01 복제 인간

회화 1

> 어느 연구소에서/의사와 마리의 부모
> **따님 세포로부터 태어난 것입니다**

[복제 인간 마리가 탄생한다.]

의사	어떻습니까? 돌아가신 따님과 똑같으시죠?
어머니	아……, 마리가, 정말로 마리가 되살아났군요. 선생님, 정말 마리죠?
의사	예, 따님 세포로부터 태어난 것입니다. 그렇기 때문에 따님과 같은 유전자를 가지고 있습니다.
아버지	그런데, 딸의 복제를 만든 것을 세상 사람들은 이해 못하겠지요?
의사	자식을 잃은 부모의 슬픔은 이해할 수 있을 것입니다. 따님의 복제는 전혀 부도덕한 일이 아닙니다.
아버지	하지만 사실 복제 인간인 딸에게 예전과 같은 사랑을 쏟을 수 있을지 역시 불안합니다.
어머니	아, 선생님. 마리가, 마리가 눈을 떴어요.
의사	자, 마리. 부모님이 여기 계셔. 인사를 해.
마리	어…… 엄마, 아빠.
아버지	…….
어머니	여보, 뭐 해요? 마리가 돌아왔어요.
아버지	아니야……. 이건 우리 마리가 아냐. 역시 복제 인간이야.

회화 2

> 학교에서/복제 인간 마리와 동급생 제시
> **너 복제 인간이라며?**

제시	야, 너 복제 인간이라며?
마리	무슨 말이야? 왜 그런 이상한 말을 하는 거야?
제시	네 진짜는 4년 전에 교통 사고로 죽었대.
마리	그런 일이 있을 리가 없잖아. 지금도 이렇게 살고 있는데.
제시	여기 사람들은 네가 복제 인간이라는 걸 다 알고 있어. 복제 인간의 인권을 지키는 모임이라든가 하는 것들이 시끄러우니까 말을 안 할 뿐이야.
마리	그런 거 거짓말이야. 부모님한테는 아무 이야기도 못 들었어. 부모님한테서는 사랑을 받고 있고
제시	그거야 부모는 말을 안 하지. 네가 죽은 딸 대신이라고 말할 리가 없잖아.
마리	에, 설마…….
제시	복제 인간이 인간 흉내를 내고 학교에 오지 마.
마리	그럼 나는 도대체 누구지? 나는…….

회화 3

> 복제 인간 관리 사무국에서/복제 인간 마리와 사무국 직원
> **저에게도 인간과 동등한 인권을 부여해 주세요**

마리	저에게도 인간과 동등한 인권을 부여해 주세요.
직원	안 돼. 복제 인간은 인간이 만들어낸 것이기 때문에 진짜 인간이 아니다. 권리는 줄 수가 없지.

마리	우리도 인간의 몸에서 태어난 또 하나의 인간이 아니니까? 같은 생물이에요.
직원	근본적으로 달라. 인간은 신으로부터 생을 받은 신성한 생물인데 복제 인간은 단지 인간으로부터 생명이 주어진 장기 제공용 생물에 불과해.
마리	인간은 육체간의 성교에 의해서 태어나는 데 비해 복제 인간은 시험관 속에서 태어날 뿐이라고 주장한 것은 인간이에요. 당신들이 우리를 만든 거예요.
직원	만든 것도 인간이기 때문에 없앨 자유도 인간에게 있어.
마리	비록 불완전하더라도 복제 인간에게도 인간의 마음이 있어요.
직원	인간 존재를 위협하는 복제 인간은 처리해야 되겠네.
마리	만약 우리를 의미 없이 살리고 죽이고 한다면 그런 인간 멋대로의 행동은 용서할 수 없어요. 우리들의 자유를 위해서 단호하게 일어설 거예요.

번외편
02 테러리즘

회화 1

태평양에 떠 있는 섬 페페로/리다와 사브리와 타타이
암살이라니. 그러면 테러잖아

리다	타타이 동지, 오늘은 중요한 이야기가 있다.
타타이	중요한 이야기?
사브리	실은 독재자 카라치치에 관한 일이야.
타타이	카라치치가 또 무슨 일을 한다는 정보라도…….
리다	아니, 그게 아니야. 실은 우리 치리치리족을 착취하는 독재자이자 크라라족의 우두머리인 카라치치를 암살하려고 생각하고 있어.
타타이	암살이라니. 그러면 테러잖아.
사브리	아니, 그렇지 않아. 카라치치는 우리 치리치리족의 성지인 파사파사 땅에 외국 자본을 도입해 공장을 만든 거야.
리다	그래. "성지를 망가뜨리는 자에게는 죽음을" 그것이 치리치리의 법이다.
타타이	그래도 카라치치를 암살하면 모든 것이 해결되는 것은 아니잖아. 제2의 카라치치가 나타날 뿐이지 않을까…….
사브리	무슨 말이야, 타타이. 당신 형님도 카라치치의 국가경찰 손으로 처형당했잖아.
리다	그래. 여기는 우리 땅인데 우리를 보호해 줄 법률이 없어. 이건 테러가 아니라 학대 받은 자의 정당한 권리지.

회화 2

대통령 관저에서/대통령과 국가경찰장관
놈들은 원래 문명과는 거리가 멀었습니다

장관	대통령 각하, 부탁입니다. 경비 증강을 허락해 주십시오.
대통령	아니, 나는 잘못이 없어. 그러니까 경비를 증강할 필요는 없다.
장관	대통령 각하, 그건 경솔한 생각이십니다. 실제로 치리치리족 과격파에 불온한 움직임이 보입니다.
대통령	나는 치리치리족 보호에는 상당한 힘을 쏟고 있는데…….
장관	그 파사파사 공장 유치 계획이 치리치리 놈들을 자극하고 있는 것입니다.
대통령	그건 당연하지. 그들은 이 페페로섬의 선주민족이니까. 다만 이 섬은 너무 가난해. 공장을 유치할 수 있는 장소도 거기밖에 없었어.
장관	놈들은 원래 문명과는 거리가 멀었습니다. 문자도 교육도 수도도 전기도 다 우리가 준 것입니다. 우리가 들어온 지 30년입니다. 이 나라는 우리 것입니다.
대통령	자네, 그런 차별적 발언은 그만하게. 나는 그들에게 참정권을 주려고 생각하고 있어.
장관	그런. 이 나라를 여기까지 발전시킨 것은 우리입니다. 그리고 그들은 인구의 60%를 차지합니다. 그러면 우리의 권리는 어떻게 됩니까?

회화 3

타타이 집에서/타타이와 츠마
여보, 무슨 일이에요? 우울해 보이는데

츠마	여보, 무슨 일이에요? 우울해 보이는데.
타타이	응, 실은 중요한 일이 생겨서…….
츠마	여보, 괜찮죠? 아주버님 같은 어리석은 짓 하지 마요.
타타이	응, 그런데 테테리는 뭐 하고 있어?
츠마	이미 잠들었어요. 아, 그런데, 테테리가 국어 시험에서 100점 맞았어요.
타타이	국어라고 해도 크라라어잖아.
츠마	어쩔 수 없잖아요. 페페로어로는 취업이 안 되니까.
타타이	그래. 내일 테테리를 데리고 파사파사로 갔다 올게.
츠마	왜요?
타타이	건설 공사가 시작되기 전에 파사파사의 성지를 보여 주고 싶어. 파사파사의 성지에서 치리치리의 신화를 들려 주려고.
츠마	그런 건 언제든지 할 수 있잖아요.
타타이	그렇지 않아. 언제까지나 파사파사가 있는 것도 아니고, 그리고…….

New 다락원 일본어 Step 6

지은이 二日市壮, 小澤康則, 吉本一, 黒木了二, Watson Joy
펴낸이 정규도
펴낸곳 (주)다락원

초판 1쇄 발행 2003년 2월 24일
초판 3쇄 발행 2005년 3월 10일
개정1판 1쇄 발행 2007년 5월 10일
개정1판 9쇄 발행 2024년 4월 30일

책임편집 이경숙, 송화록
디자인 서해숙, 오연주
일러스트 조영남

🖫 다락원 경기도 파주시 문발로 211
내용문의: (02)736-2031 내선 460~465
구입문의: (02)736-2031 내선 250~252
Fax: (02)732-2037
출판등록 1977년 9월 16일 제406-2008-000007호

Copyright ⓒ 2007, 二日市壮, 小澤康則, 吉本一,
  黒木了二, Watson Joy

저자 및 출판사의 허락 없이 이 책의 일부 또는 전부를 무단 복제·전재·발췌할 수 없습니다. 구입 후 철회는 회사 내규에 부합하는 경우에 가능하므로 구입문의처에 문의하시기 바랍니다. 분실·파손 등에 따른 소비자 피해에 대해서는 공정거래위원회에서 고시한 소비자 분쟁 해결 기준에 따라 보상 가능합니다. 잘못된 책은 바꿔 드립니다.

ISBN 978-89-5995-287-8 18730
ISBN 978-89-5995-275-5 (세트)

http://www.darakwon.co.kr

- 다락원 홈페이지를 방문하시면 상세한 출판정보와 함께 동영상강좌, MP3자료 등 다양한 어학 정보를 얻으실 수 있습니다.
- 다락원 홈페이지 자료실에서 **MP3 파일(무료)**을 다운로드 받으실 수 있습니다.